DANIEL KEITA
ZWEITE
CHANCE

DANIEL KEITA-RUEL

ZWEITE CHANCE

MEIN WEG AUS DEM GEFÄNGNIS IN DEN PROFIFUSSBALL

MIT HARALD BRAUN

Für my little bro Kacha

KIEPENHEUER & WITSCH

Verlag Kiepenheuer & Witsch, FSC® N001512

1. Auflage 2020

© 2020, Verlag Kiepenheuer & Witsch, Köln
Alle Rechte vorbehalten. Kein Teil des Werkes darf in
irgendeiner Form (durch Fotografie, Mikrofilm oder ein
anderes Verfahren) ohne schriftliche Genehmigung des
Verlages reproduziert oder unter Verwendung elektronischer
Systeme verarbeitet, vervielfältigt oder verbreitet werden.
Umschlaggestaltung außen: Barbara Thoben, Köln
Umschlagmotive außen: © Alexander Wurm
Umschlaginnenseite vorne: © spvgg-fuerth.com;
hinten: © Konstantin Lider
Gesetzt aus der Minion und der Gotham
Satz: Buch-Werkstatt GmbH, Bad Aibling
Druck und Bindung: CPI books GmbH, Leck
ISBN 978-3-462-05362-3

INHALT

Prolog 9

1 Payback
Mein erstes Spiel in der Zweiten Liga. Zwei Tore. Und dieses unglaubliche Gefühl, auch mal was zurückzahlen zu können. 15

Damir Burić: »Er ist mein Krieger: auf dem Platz.« 22

2 Immer in Bewegung
Das Leben auf der Nevigeser Straße. Oder: immer nur dem Ball hinterher, dann stimmt die Richtung. 25

Françoise Ruel: »Er kann heute zugeben, einen Fehler gemacht zu haben.« 30

3 Blau und Gelb
Borussia Wuppertal. Das erste Training in Jeans und Fußballschuhen. Ein Trainer wie ein Freund. Und auf jeden die 10. 35

Hassan Önder: »Im gegnerischen Strafraum: wühlen, das war schon immer, was er wollte.« 41

4 Die Richtung stimmt
Fortunas falsche Freunde. Fortschritte. Weg von der Borussia, auf nach Jugoslawien (irgendwie). 45

Alfonso del Cueto:
»Allein ist das unser bester Mann.« 51

5   Käfighaltung
Mit dem Wuppertaler SV in der Junioren-Bundesliga. Mit Burak Karan im Käfig. Von Dauerläufen um sechs Uhr morgens. 53

Henajatullah Azizadah:
»Er war ein Idol für uns.« 62

6   Träume im Stadion
Eine Niederlage wie ein Triumph – und der Vertrag für eine glorreiche Zukunft. 65

Ulrich Sude: »Ich war ja fast
in der Papa-Rolle.« 70

7   La Dolce Vita
Ein schwieriges erstes Jahr. Ein verbummeltes zweites Jahr. Ein Zitat, das mir auch heute noch folgt. 73

Max Eberl: »Er braucht ein wenig Führung.« 82

8   Zurück auf Anfang
Der Abschied bei Gladbach. Der schwere Weg nach Bonn, die Rückkehr nach Wuppertal und die Frage: Was nun? 85

Eremias »Ere« Ghebremedhin:
»Er hat es einfach mehr gewollt.« 95

9   Fehlermeldung: der Fall Keita-Ruel
The Making-of:
dumme Entscheidungen. 99

10 Der erste Überfall
Für eine Handvoll Euro. Montag,
25. Juli 2011, s.Oliver-Boutique,
City-Arkaden, Wuppertal   107

11 Der zweite Überfall
Wie ein schlechter Film. Mittwoch,
10. August 2011, Postkiosk an der
Düsseldorfer Straße in Wuppertal   111

12 Der dritte Überfall
Planlos in Wuppertal. Mittwoch,
19. September 2011, Postkiosk in
Wuppertal-Oberbarmen   117

13 Der letzte Überfall
Zu viele Insider. Mittwoch,
24. September 2011, Hornbach Baumarkt
in Wuppertal-Lichtscheid   123

14 Der Spuk ist vorbei
Eine Festnahme wie im Kino.
Der große Frieden.   129

15 Hinter Gittern
U-Haft. Verhöre. Das Versprechen.   135

16 Ich komm bald raus (nicht)
Knastroutine. Küche, Sport, Freunde –
und der Schrecken dieses Ortes.   141

17 Trennung
So ist das Leben. Von gesunden und nicht
so gesunden Reaktionen.   155

George Amartey: »Mich nervte er damals extrem.« 162

18 Meilensteine
   Der Tod meines Vaters.
   Und wie der Sport mich rettet. 167

*Jürgen Gleis: »Die war heiß auf
den wie Frittenfett ...«* 173

19 Der Wechsel
   Von Wuppertal nach Düsseldorf. Der
   Kampf um ein bisschen Freiheit. Vom
   Glück einer Schwangerschaft. 177

*Krystian Wozniak: »Er ist mir ans
Herz gewachsen.«* 184

20 Offener Vollzug
   Erst raus, dann wieder rein,
   dann endgültig raus. Das Leben
   im Reset. 189

Peter Radojewski: »Er hat die Chance genutzt.« 195

21 Drittkarriere
   Von unerwarteten Chancen in einer
   fremden Welt. Bonustrack: ein bisschen
   Musik. 199

*Uwe Koschinat: »Er hat die Herzen der
Menschen erobert.«* 205

22 The only way is up
   Von Ratingen über Wattenscheid und Köln
   nach Fürth. Angekommen in der Zweiten
   Liga. Vorerst? 209

*Rachid Azzouzi: »Bei ihm weiß man sofort,
wo man dran ist.«* 214

Epilog 217

PROLOG
Wozu das alles?

Verdammt schmaler Grat, das ist mir klar. Ich bin der Typ mit der dunklen Vergangenheit. Der Fußballprofi, der fast vier Jahre im Knast saß. Das Mitglied der sogenannten Wuppertaler »Big Boy«-Bande, die 2011 innerhalb kurzer Zeit vier schwere Raubüberfälle beging. Ich war der Big Boy.

Als ich am 8. Oktober 2011 auf einer Kreuzung in Wuppertal-Barmen von der Polizei aus dem Auto gezogen und festgenommen wurde, war mein Leben im Grunde vorbei. Ein überwiegend gutes Leben bis dahin, eines mit einem großen Ziel: Fußballprofi zu werden. Über 20 Jahre hatte ich alles dafür getan, um die Liebe zum Fußball zu meinem Beruf zu machen. War mit sechs in einen Verein eingetreten, hatte Talent bewiesen, wurde gefördert und blieb auch auf langer Strecke in der Spur: Trainer, Freunde, meine Familie glaubten an mich. Ich schaffte es in Auswahlmannschaften und trainierte hart für meinen Traum, quälte meinen Körper, verzichtete auf vieles, was für gleichaltrige Freunde zum ganz normalen Leben gehörte. Ich rauchte nicht, ich trank keinen Alkohol, oft joggte ich schon um sechs Uhr morgens durch mein Viertel, noch vor der Schule. Ich spielte schon früh höherklassig, doch der erste spektakuläre Lohn für meinen Aufwand folgte mit 17 Jahren: Borussia Mönchengladbach verpflichtete mich für die U19. Krass. Mehr ging damals für mich nicht. Junioren-Bundesliga mit der Perspektive Profi-Vertrag. Erste Bundesliga. Ruhm. Geld. Ein Leben, eine Zukunft. Ich hatte es tatsächlich geschafft. Ich war jetzt ein richtiger Fußballprofi, die Welt stand mir offen.

Dachte ich.

Nicht mal vier Jahre später, am 25. Juli 2011, raubte ich eine s.Oliver-Filiale in den Wuppertaler City-Arkaden aus. Der erste von insgesamt vier Überfällen, an denen ich beteiligt war. Am 8. Oktober 2011 wurde ich zusammen mit meinen Komplizen verhaftet. Ich hatte es tatsächlich geschafft, alles, was ich mir in mehr als 20 Jahren mit meinen Beinen aufgebaut hatte, in nicht mal drei Monaten mit dem Hintern wieder umzustoßen.

Okay.

Dieses Buch habe ich aus mehr als einem Grund geschrieben. Dass ich mich von meiner Schuld reinwaschen will, ist keiner dieser Gründe. Das kann ich nicht. Das will ich auch nicht. Niemand hat mich gezwungen, die Überfälle zu begehen, Menschen zu bedrohen, ihnen Todesangst zu bereiten. Das war ganz allein *meine* Verantwortung, ganz allein *mein* Fehler. Ich bereue alles, was innerhalb dieser 76 Tage im Herbst 2011 geschehen ist, und ich habe meine Strafe dafür verbüßt. Ich möchte in diesem Buch erzählen, wie es dazu kommen konnte, dass ich meine Mutter, meine Freunde und auch mich selbst und alles, was mir wichtig war, verraten habe. Ich will mein Verhalten nicht entschuldigen – aber ein paar Erklärungen möchte ich schon liefern. Zudem möchte und muss ich mich bei den Menschen entschuldigen, die ich durch mein Verhalten in eine traumatische Situation gebracht habe. In eine Situation, in der sie sich in großer Gefahr wähnten. Dass ich bei keinem unserer vier Überfälle die Absicht hatte, Gewalt anzuwenden, wusste ja nur ich selbst – keines unserer Opfer konnte das wissen. Ich betone das hier ausdrücklich noch einmal: Es tut mir sehr leid, dass ich mir zum damaligen Zeitpunkt keine Gedanken über die Konsequenzen meiner Taten gemacht habe. Ich habe mich inzwischen bei all meinen Opfern entschuldigt. Mehr kann ich heute leider nicht mehr tun.

Wem will ich meine Geschichte erzählen? Da wären all die Jugendlichen von damals in meinem Viertel, für die ich lange das hoffnungsvolle Talent war, das es rausgeschafft hatte aus dem Getto, später dann der gescheiterte Problemtyp, der ein paar ganz miese Entscheidungen getroffen hatte.

Aber ich will sie auch meinen jungen Fans von heute erzählen, die dem Ex-Knacki nach seinen Toren zujubeln. All den Jungs und Mädchen, auf die meine Geschichte offenbar sogar eine Faszination ausübt. Was kann ich ihnen vermitteln, damit sie nicht die gleichen Fehler machen wie ich? Vielleicht, dass man, wenn man schon tragische Fehler macht, dafür auch geradestehen muss – und niemand anderen als sich selbst für seine Taten verantwortlich machen darf.

Ich möchte erzählen, wie hoffnungsvolle junge Menschen jahrelang unter großem Druck auf eine Karriere vorbereitet werden, die sie dann wahrscheinlich niemals haben werden, weil es im Profifußball viel weniger Plätze als Anwärter dafür gibt. Ein Rechercheteam der ARD hat herausgefunden, dass es von 5738 Talenten in den Nachwuchsleistungszentren aller Bundesligisten seit 2010/11 nur 3,5 Prozent in den Kader eines Profivereins geschafft haben. Die Mehrzahl bleibt auf der Strecke. Psychisch nicht so stark aufgestellte Persönlichkeiten können daran zerbrechen. Vor allem, wenn sie in kritischen Momenten kein intaktes Umfeld oder einen Plan B in der Tasche haben.

Ich möchte in Zukunft nur noch Schlagzeilen mit meinen fußballerischen Qualitäten und meinem sozialen Engagement machen. Ich habe aus meinen Fehlern gelernt. Es ist mir ein großes Anliegen, offen über meine Vergangenheit zu sprechen und Jugendliche davor zu bewahren, dasselbe Schicksal zu riskieren. Deshalb halte ich während meiner Freizeit Vorträge in Schulen oder Jugendzentren in sozialen Brennpunkten. Bei diesen Gelegenheiten möchte ich zeigen: Jeder hat eine zweite Chance verdient. Aber sie kommt nicht von allein, man muss sie ernsthaft wollen und auch eine Menge Arbeit und Disziplin darauf verwenden, sie wirklich zu nutzen. Wie sagt man bei uns im Rheinland immer: Von nix kött nix …

Ich möchte in diesem Buch *auch* davon erzählen, wie ich es geschafft habe, dass mein Leben an diesem 8. Oktober 2011 dann doch noch nicht vorbei war. Und wie viel Kraft das gekostet hat. Wie ich meinen Traum, ein Profi in den höchsten Fußball-Ligen Deutschlands zu werden, auch hinter Gittern nicht aufgegeben habe, obwohl kaum jemand außer mir das für möglich gehalten hätte. Davon erzählen, wie man in einer drei mal vier Quadratmeter großen Zelle bis zur Erschöpfung joggt und sich dabei vorstellt, eines Tages mit einem aufgeregten Schulkind an der Hand auf den Rasen eines voll besetzten Stadions zu laufen. Wie lange ein, zwei, drei Jahre in Unfreiheit sein können und wie starr und einsam so ein langer Sonntag im Knast.

Um aber nicht nur im eigenen Saft zu schmoren und ausschließlich meine Sicht der Dinge zu erzählen, habe ich auch immer wieder Freunde, Familienmitglieder und Wegbegleiter gebeten, ihre Perspektive auf mich und bestimmte Phasen meines Lebens zu Papier zu bringen. Ehrlich und – wenn es sein muss – auch schonungslos. Vieles von dem, was ich dort gelesen habe, hat mich gefreut, manches aufgerührt und nachdenklich gestimmt. Für einiges habe ich mich geschämt. Zu Recht.

Aber da wär noch etwas. Ich möchte mit diesem Buch auch all denen ein paar Worte sagen, die sich ähnlich wie ich amtlich in die Sch… geritten haben. Menschen, die plötzlich in der Tiefgarage des Lebens angekommen sind und nirgendwo mehr ein Licht sehen. Meine Botschaft an euch: Gebt verdammt noch mal nicht auf. Nicht am tiefsten Tiefpunkt, nicht im dunkelsten Moment. Macht euch gerade. Haltet an euern Träumen fest. Vertraut auf euch selbst. Nur ohne Ziel und Perspektive seid ihr wirklich verloren. Möglicherweise denkt ihr jetzt, Alter, halt mal die Backen, was erzählst du? Wer bist du, dass du dich hier so aufbläst? Und es stimmt ja: Verdammt schmaler Grat, das ist mir klar.

Aber ich bin eben nicht *nur* der Typ mit der dunklen Vergangenheit, der mit den Überfällen und den fast vier Jahren Knasterfahrung. Ich bin *auch* der Typ, der es geschafft hat, sich an den eigenen Haaren aus dem Sumpf zu ziehen. Alle Wetten standen gegen mich – und heute spiele ich gegen den VfB Stuttgart, den HSV oder Hannover 96 vor 50 000 Zuschauern. Und das muss nicht mal das Ende der Fahnenstange sein. Verrückte Geschichte eigentlich.

PAYBACK

Mein erstes Spiel in der Zweiten Liga. Zwei Tore. Und dieses unglaubliche Gefühl, auch mal was zurückzahlen zu können.

Möglicherweise gibt es wichtigere Termine für den deutschen Fußball. Für mich allerdings nicht: Am 4. August 2018 haben sich in Fürth bei schweineheißen 33 Grad im Sportpark Ronhof 8450 Zuschauer gegen das Freibad und für den Besuch eines Fußballspiels entschieden. Es geht um den Auftakt der Zweitligasaison, Spielvereinigung Greuther Fürth gegen den SV Sandhausen. Es gibt vermutlich unattraktivere Begegnungen im deutschen Profisport, allerdings fallen mir gerade keine ein. An diesem Tag aber spielt das keine Rolle. Glücklich und angespannt wie ein junges Rennpferd sitze ich in der Kabine und höre die letzten Anweisungen an die Mannschaft, die von Minute zu Minute lauter und aufgeregter klingen. Ich könnte tanzen vor Freude und genieße jede Sekunde. Die Informationen und Appelle unseres Trainers Damir Burić rauschen an mir vorbei. Ich bin im Tunnel, wie es so schön heißt. An diesem Tag werde ich mein erstes Spiel in der Zweiten Bundesliga machen. Ich schaue mich in der Kabine um, ein unglaubliches Durcheinander aus achtlos ausgezogenen Aufwärm-Trikots, Wasserflaschen und Massageliegen, Fußballschuhe klackern, Tapebänder reißen. Das ist deswegen so gut zu hören, weil die rund 20 Männer, die sich gerade in der Kabine befinden, überwiegend schweigen, die Köpfe gesenkt, die Augen geschlossen. Bis auf Damir Burić natürlich, der vor uns steht, sich so groß wie möglich macht und mit eindringlichen Worten versucht, uns heiß zu machen für den Kampf, der uns in ein paar Minuten auf dem Rasen bevorsteht. Die Atmosphäre ist eine Mischung aus Feldlazarett und Geisterbeschwörung. Würde man die Adrenalinschwaden sehen, die wir ausdünsten, könnte man eine »Twilight«-Folge im Nebel drehen. *Das hier* ist purer positiver Stress, Action, Leben: Es toppt alles, was ich bisher sportlich erlebt habe. *Das hier* ist jetzt wirklich Profifußball. Und ich bin mittendrin. Endlich.

Im Sommer 2018 bin ich von der Spielvereinigung Greuther Fürth verpflichtet worden, aus der Dritten Liga von Fortuna Köln. Ich bin die einzige Neuverpflichtung, die an diesem ersten Spieltag bei Greuther Fürth in der Startelf steht. Die letzte Saison verlief nicht gerade ideal für meinen neuen Verein, man konnte sich so gerade noch vor dem Abstieg retten. Die ganze Stadt fiebert dem Auftakt der neuen Saison entgegen, dieses Jahr soll es besser laufen, obwohl die Zweite Liga mit den abgestiegenen Traditionstruppen vom FC Köln und dem HSV so stark sein wird wie nie zuvor. Schon beim Aufwärmen habe ich die neugierigen Blicke des Publikums, *meines* Publikums, gespürt. Klar, die Leute wollen wissen, was der Neue draufhat: Daniel Keita-Ruel, die Nummer 10 auf dem Trikot, ein paar Jahre Gefängnis auf dem Buckel. Jeder hier im Stadion hat davon gehört, darüber gelesen – Profifußball ist ein gläsernes Geschäft.

Doch nicht nur das fränkische Publikum ist gekommen, um sich den Neuen anzuschauen. Auch meine besten Freunde und meine Familie sind nach Fürth gereist, um den vorläufigen Höhepunkt meines Comebacks als Fußballer live zu erleben. Nach all diesen Irrungen und Wirrungen in meinem Leben waren an diesem heißen Augusttag immer noch Menschen durchs halbe Land gereist, um mir beim Kicken zuzusehen. In den letzten Tagen vor dem Spiel schickten mir zudem viele Leute ermutigende SMS oder Nachrichten auf WhatsApp, schrieben mir, dass sie stolz auf mich sind und immer an mich geglaubt haben. Klar, auch ein paar der Luschen waren darunter, die sich in meiner Zeit im Gefängnis unsichtbar gemacht hatten und jetzt plötzlich wieder so taten, als seien sie schon immer meine besten Freunde gewesen. Wenn an den miesen Zeiten etwas Gutes gewesen sein soll, dann das: Die Spreu hat sich vom Weizen getrennt. Ich weiß jetzt, auf wen ich zählen kann, wenn es mal nicht läuft.

Schließlich ist da noch meine Mutter, der ich so viel Kummer bereitet habe und die auch in schwierigen Zeiten immer bedingungslos zu mir gehalten hat. Am Abend vor dem Spiel haben mir ihre Blicke gezeigt, wie glücklich sie war. Höchste Zeit, ihr etwas zurückzugeben für all die Liebe, die sie mir gegeben hat, und die Kraft, die ich auf meinem Weg zurück in die Welt so dringend brauchte. Gerade heute will ich sie nicht enttäuschen, den wichtigsten Menschen in meinem Leben; ich will, dass sie stolz auf mich sein kann. Ich möchte auch meinen Freunden auf der Tribüne zeigen, was ich kann, will meine überwiegend jüngeren Mitspieler von mir überzeugen und dem Fürther Publikum beweisen, dass es sich in Zukunft auf mich und meine Tore verlassen kann. Das sind alles in allem eine Menge Menschen, die ich an diesem Tag glücklich machen möchte. Keine Überraschung also, dass jede Faser meines Körpers vibriert. Ich muss da jetzt raus und diese unbändige Motivation in mir in Bewegung umsetzen, bevor ich platze.

Der Trainer hat seine Ansprache inzwischen beendet, wir bleiben noch zwei, drei Minuten auf unseren Plätzen sitzen, jeder mit seinen eigenen Ritualen beschäftigt. Ich ziehe mir meine Kopfhörer über die Ohren und drehe auf, laut, *sehr* laut. Hip-Hop von meinem Freund Jigzaw, danach bin ich bereit: »*Sie werfen mich ins kalte Wasser, kein Thema, denn ich kann schwimmen/ Aufgeben keine Option, bin da, nur um zu gewinnen.*«

An diesen Tag im August 2018 erinnere ich mich, als sei er gestern gewesen. Der Jubel der Zuschauer beim Einlaufen der Mannschaften, unser gemeinsames Einschwören im Kreis kurz vor dem Anpfiff. Ich schaue mich im Stadion noch einmal um und sehe meine Mutter und meinen engsten Freundeskreis gemeinsam auf der Haupttribüne. Sie winken mir zu, ich nicke entschlossen, dann ertönt der Anpfiff – jetzt bin ich offiziell Spieler der Zweiten deutschen Bundesliga.

Allerdings einer, der noch nichts gewonnen hat, nicht mal einen erbärmlichen Zweikampf. Und bis zum Halbzeitpfiff wird sich daran wenig ändern. Wir kommen schwer ins Spiel, Sandhausen erweist sich als kompakte Truppe, ohne allzu viel zu riskieren. Wir kommen in den ersten 23 Minuten nicht mal richtig vor das Tor des Gegners, dann: Trinkpause. Aufgrund der heißen Temperaturen wird uns solch eine Pause zweimal im Spiel verordnet, damit wir nicht dehydrieren. Innerlich muss ich darüber grinsen: Auf den Bolzplätzen früher gab's so was nicht – ich erinnere mich noch an meine erste Zeit im Verein in Wuppertal, da hielt man es noch für schädlich, überhaupt während eines Spiels Wasser zu trinken …

Ohne Tore auf beiden Seiten gehen wir in die Halbzeit. Damir Burić kommt zu mir, legt mir die Hand auf die Schulter: »Bleib locker. Deine Situationen werden noch kommen – mach auf dem Platz einfach genau das, was dir Spaß macht.« Ich nicke. Na hoffentlich.

Zehn Minuten nach der Pause kommen meine Chancen immer noch nicht, sondern erst mal nur der Sandhäuser Klingmann, und zwar in unserem Strafraum. Er nimmt eine verunglückte Abwehraktion meines Mitspielers Caligiuri auf und haut den Ball aus kurzer Entfernung ins Tor. 0:1. Unsere Unsicherheit ist jetzt mit den Händen zu greifen. Erstes Spiel in der Saison, gleich eine Heimniederlage? Gegen eine Mannschaft, die du eigentlich zu Hause schlagen musst. Burić reagiert: Mit Reese und Green gehen zwei Offensivkräfte raus, dafür unterstützen mich vorne nun die Kollegen Atanga und Steininger. Merkwürdig – mit dem Gegentor scheint sich meine mentale Bremse gelöst zu haben. Ich gehe jetzt mit Wucht in jeden noch so aussichtslosen Zweikampf mit den hochgewachsenen Ochsen in der Sandhäuser Defensive, laufe stur immer wieder den Torwart und die Innenverteidiger an. Wenn Willen und reine Energie Tore schießen könnten, wäre ich jetzt schon knapp vor dem Hattrick. Ich versuche, meine Mitspieler mitzureißen, ich laufe, laufe, laufe so wie damals im Gefängnis, als ich kaum Möglichkeiten hatte zu trainieren und aus Mangel an Optionen einfach in der Zelle auf der Stelle gesprintet bin, bis mich die Kräfte verließen. So langsam dreht sich das Spiel, Sandhausen kriegt keinen geordneten Spielaufbau mehr hin, immer dynamischer bringen wir unsere Angriffe vor das Tor des Sandhäuser Keepers.

Zwölf Minuten vor dem Ende dann dieser Moment, auf den jeder Mittelstürmer wartet – und für den ich Fußball spiele. Mein Mitspieler Tobias Mohr setzt sich auf der linken Seite gegen zwei Gegenspieler durch und flankt den Ball hoch auf den zweiten Pfosten in den Strafraum. Ich sehe den Ball durch den Strafraum segeln und mache intuitiv ein paar Schritte weg von meinem Gegenspieler. Mit einem Spreizschritt springe ich in den Ball, berühre ihn leicht – und sehe, wie er am Torhüter vorbeifliegt, den Innenpfosten berührt und hinter die Linie fällt. Tor! Ausgleich! Erstes Spiel, erster Treffer. Ich schreie die Erleichterung und die Freude zu gleichen Teilen hinaus in die Welt, nackte Ekstase, für den Bruchteil einer Sekunde ist so ein Tor das reine Glück. Mir tut jeder leid, der noch nie Fußball gespielt hat und nicht nachvollziehen kann, was in einem Fußballer vorgeht, der gerade ein Tor erzielt hat. Meine Mannschaftskameraden stürmen auf mich zu und begraben mich unter sich, auch die Fans sind aus dem Häuschen. Es dauert ein paar Sekunden, bis wir uns alle wieder gesammelt haben und uns gegenseitig noch einmal pushen.

Okay, Ausgleich, gut und schön. Feiern können wir nach dem Spiel, aber dazu muss jetzt erst einmal gewonnen werden. Noch ein Tor muss her. Noch sind elf Minuten zu spielen und das Momentum ist auf unserer Seite, das spüren alle auf dem Platz. Wir sehen in die angespannten Gesichter der Sandhäuser. Jetzt noch eine Hütte, und wir haben den perfekten Start in die Saison hingelegt. Wir drücken, holen Eckbälle heraus, Sandhausen blockt ab und verteidigt, mein Mitspieler Ernst flankt in den Strafraum, der Sandhauser Kister stellt sich in den Weg, ein Pfiff: Handspiel. Handspiel? Strittige Entscheidung, Schiedsrichter Stieler ist der Meinung, dass der Verteidiger mit den Armen seine Körperfläche vergrößert hat. Elfmeter. Ich nehme den Ball, ohne lange darüber nachzudenken. Ich fühle mich gut – und ich will in diesem Moment die Verantwortung für unser junges Team übernehmen. Ich lege den Ball auf den Elfmeterpunkt, mache ein paar Schritte zurück. Wie oft habe ich mir eine solche Situation vorgestellt, als ich noch in meiner kleinen Gefängniszelle saß, weit weg vom Profifußball, weit weg von allem, was ein gutes Leben ausmacht.

Endlose Sekunden vergehen, bis der Schiedsrichter den Ball freigibt. Ich weiß genau, wohin ich schießen will. Unten links, hart und flach. Ich höre die Zuschauer nicht mehr, auch die aufmunternden Worte meiner Mitspieler erreichen mich nicht. Da ist er wieder, der Tunnel. Nur der Ball, das Tor, der Keeper, alles andere verschwimmt zur Kulisse. Bei meinem Anlauf beobachte ich den Torhüter, doch ich ändere meine Absicht nicht mehr, als ich im letzten Moment erkenne, dass auch er sich *meine* Ecke ausgesucht hat. Links unten, platziert in der unmittelbaren Nähe des Pfostens, schlägt der Ball ein. Der Torhüter liegt in der richtigen Ecke, der Ball im Tor: mein Doppelschlag. Wir führen! Der Jubel ist riesig, wieder hüpfen zehn Büffel plus Ersatzspieler auf mir herum – erstaunlich, dass bei solchen Szenen nicht häufiger Verletzungen passieren. Nachdem ich gefühlte Ewigkeiten später meine jubelnden

Kollegen abgeschüttelt habe, schaue ich kurz zur Haupttribüne hinauf. Ich sehe meine Mutter zusammen mit meinen Freunden, wie sie sich um den Hals fallen und mir zujubeln. Dieses Bild hat sich ganz fest in meinem Kopf eingebrannt. Ich werde diesen Moment, diese unbändige Freude meiner Mutter, nie mehr vergessen. Für solch einen Moment habe ich viele Jahre gekämpft.

Damir Burić
»Er ist mein Krieger auf dem Platz.«

Bis zum Februar 2019 war der ehemalige kroatische Bundesligaspieler Damir Burić Trainer von Daniel Keita-Ruel bei Greuther Fürth in der Zweiten Bundesliga.

Wir haben Daniel schon beobachtet, als er noch in der 3. Liga bei Fortuna Köln spielte, da war er einfach herausragend. Aber ich wollte ihn natürlich auch als Persönlichkeit kennenlernen und wissen, was für ein Typ er ist. Dafür habe ich sogar meinen Urlaub unterbrochen, als sich die Möglichkeit zu einem Gespräch mit ihm ergab, ich glaube, das war am Flughafen in Frankfurt. Unser erster Kontakt war … was soll ich sagen: Schon die Art, wie er dich anschaut, wie er redet, da merkt man gleich: Das ist ein toller Junge. Egal, ob's in seiner Vergangenheit ein paar Sachen gab, die nicht gepasst haben – jetzt stand da ein Mann vor mir, der mir glaubwürdig vermittelt hat, dass er brennt und alles geben will für die Chance, eine Klasse höher zu spielen und im Fußball nach vorn zu kommen. Ich erinnere mich noch an seinen Satz bei unserem ersten Treffen: »Ich werde 150 Prozent geben!« Und das hat er tatsächlich getan.

Wenn Keita einen Trainer hat, der zu ihm steht und sich mit ihm beschäftigt, wird er das als Spieler immer zurückzahlen, er ist da sehr loyal und verlässlich. Das klingt wie eine Selbstverständlichkeit, aber das ist es nicht. Im Fußball gibt es eine Menge Spieler, die viel erzählen, aber dahinter steht nichts. Oder wenig.

Bei Keita ist das anders. Er ist ehrlich, er steht zu dem, was er sagt, so habe ich ihn in unserer gemeinsamen Saison bei Greuther Fürth kennengelernt. Und das ist im heutigen Fußballgeschäft selten geworden, muss ich leider sagen. Da gibt's viele, die sind bei Besprechungen laut und wissen Bescheid, aber wenn das Spiel dann kommt, haben sie Angst und verstecken sich. Bei Keita war das nie so, er war nie ein lauter Typ in der Kabine, aber dafür hat er sich da draußen auf dem Platz immer mutig in die Schlacht geworfen, darauf konntest du dich in jedem Spiel verlassen, er war ein Krieger. Man spürt, dass ihn seine Vergangenheit geprägt hat, er hat seine Lektion gelernt. Aber es ist ja nicht nur sein Charakter, der ihn auszeichnet, das darf man jetzt nicht missverstehen. Ich rede schon im Paket über ihn. Er ist von seiner Einstellung top, das stimmt, aber er ist auch sportlich ein eminent wichtiger Spieler für jede Mannschaft.

Ich glaube, dass Keita die Qualität hat, auf hohem Niveau zu spielen. Und dass man mit ihm im Kader auch gleichzeitig Probleme verpflichtet, ist ohnehin nur ein Vorurteil aufgrund seiner Vergangenheit. Man muss da Vertrauen haben. Man kann sicher sein, dass er die Qualitäten, die er nun einmal hat, in wirklich jedem Spiel auf den Platz bringt. Er ist keiner, der alle drei Monate mal ein gutes Spiel macht und dann wieder abtaucht: Auf ihn ist immer Verlass.

2

IMMER IN BEWEGUNG

Das Leben auf der Nevigeser Straße. Oder: immer nur dem Ball hinterher, dann stimmt die Richtung.

Es heißt ja, dass es in Deutschland keine Straßenfußballer mehr gibt. Für Wuppertal-Elberfeld gilt das nicht. Jedenfalls nicht, als ich dort aufwuchs. Die ersten Erinnerungen aus meiner Kindheit sind Bilder vom Sportplatz an der Nevigeser Straße. An den kann ich mich besser erinnern als an meine Grundschule oder mein erstes eigenes Zimmer in unserer Wohnung, die in unmittelbarer Nachbarschaft des Platzes lag. Das hängt wohl damit zusammen, dass ich dort deutlich mehr Zeit verbracht habe. Ich sehe mich da noch als kleinen Jungen vor mir, fünf Jahre alt vielleicht, wie ich mit meinen Freunden hinter dem Ball herjage. Erst nur auf einem kleinen fiesen Aschenplatz, der einem ständig offene Schürfwunden am Knie oder am Oberschenkel verpasste. Davon hatte man immer länger was, weil an den nässenden Wunden noch tagelang die Jeans festklebte. Später aber durften wir auch immer häufiger auf den Kunstrasen, auf dem damals noch der SV Borussia Wuppertal spielte. So ein Kunstrasen ist ja heutzutage längst Standard, aber die Anlage an der Nevigeser Straße war in der gesamten Umgebung eine der ersten mit solch einem Juwel. Wir haben ihn geliebt.

Gerade im letzten Jahr ist mein alter Sportplatz an der Nevigeser Straße abgerissen worden – da kommt nun eine Schulsporthalle hin und eine Lidl-Filiale. Obwohl ich längst nicht mehr in Wuppertal lebe, hat mich das traurig gemacht. Das war schließlich der Platz, auf dem ich beinahe jeden Tag gespielt habe, bis es dunkel wurde, an dem ich meine ersten Tricks lernte und später auch meine ersten Spiele für einen richtigen Fußballverein machen durfte. Die ganzen Jungs aus dem Viertel trafen sich dort, dazu brauchte es keine extra Verabredung. Es war ohnehin klar, an jedem Tag, egal ob Sonntag oder Feiertag oder Weihnachten – gekickt wurde immer. Oft hatten wir sogar noch die Schulranzen dabei, weil wir nach der Schule gleich zum Sportplatz gelaufen waren, ohne den Umweg nach Hause zu nehmen, wo ohnehin nur ein schnelles Mittagessen und lästige Hausaufgaben auf uns warteten. Meine Mutter akzeptierte das seufzend. Sie wusste ja, wo ich mich mit meinen Freunden herumtrieb und dass ich glücklich war, wenn ich mich beim Fußball ordentlich austoben konnte. Ich brauchte das. Es heißt, ich sei schon immer viel in Bewegung gewesen. Vermutlich ist das nur eine freundliche Beschreibung für den Umstand, dass ich nicht mal für eine Minute ruhig sitzen oder stehen bleiben konnte. Mit meinem nennen wir es einfach mal Freiheitsdrang habe ich meine Mutter wirklich krass verrückt gemacht.

  Dabei hatte sie es ohnehin nicht leicht als alleinerziehende Mutter von zwei Kindern. Meine Eltern trennten sich, da war ich vielleicht viereinhalb, fünf Jahre alt. Mein Vater Chérif Keita, ein musikalischer, kräftiger Mann, stammte ursprünglich aus Ziguinchor, einer Stadt in der Casamance, dem südlichen Teil Senegals. Meine Mutter Françoise Ruel ist Französin. Sie ist zwar in St. Étienne geboren, doch große Teile ihrer Familie stammen aus Korsika. Meinen Vater hat sie erst in Deutschland kennengelernt.

  Dass es sie überhaupt hierher verschlagen hatte, war ein kurioser Zufall: St. Étienne ist eine der acht Partnerstädte von Wuppertal und liegt in der französischen Rhône-Alpen-Region, 70 Kilometer südwestlich von Lyon. St. Étienne ist mit rund 180 000 Einwohnern nur halb so groß wie Wuppertal, hat aber ebenfalls eine große Universität. An dieser Uni in St.

Étienne studierte meine Mutter damals Sprachen, unter anderem auch Deutsch. Sie reiste gerne und interessierte sich für alles, was mit Kunst und Kultur zu tun hatte. Sie überlegte sogar, Kunst zu studieren. Doch ihre Eltern hielten es für sicherer, dass ihre Töchter – meine Mutter hat eine Schwester, die heute noch in Frankreich lebt – Lehrerinnen wurden. Nicht gerade der Traum meiner Mutter. So ergriff sie die Gelegenheit, als ihre Universität ein Austausch-Studienjahr mit der Universität Wuppertal anbot, und »floh« nach Deutschland, weit weg von ihren Eltern. Aus dem Studienjahr wurden mehrere, sie pendelte viel zwischen Frankreich und Deutschland, verliebte sich dann irgendwann in einen Deutschen, heiratete ihn und bekam ein Baby, Pascal, meinen Halbbruder.

Als sie dann 1987 meinen Vater kennenlernte, steckte sie gerade in einer schwierigen Situation, da sie sich von ihrem Mann getrennt hatte. Meinen Vater traf sie in Düsseldorf, wo er in der dortigen *Tanzwerkstatt* einen Workshop für afrikanische Musik anbot. Er lebte eigentlich in Paris, wohnte aber zu der Zeit gerade bei einem Freund, der mit einer senegalesischen Ballett-Truppe für ein Gastspiel nach Deutschland gekommen war. Mein Vater pendelte damals zwischen Deutschland, Frankreich und Senegal, je nachdem, wo er seine Workshops abhielt. Für meine Mutter war das keine einfache Situation, vor allem, als zwei Jahre nach mir auch noch meine Schwester Myriam auf die Welt kam. Später arbeitete er dann in Wuppertal in einer Fabrik, doch zu dem Zeitpunkt hatte sich meine Mutter bereits von ihm getrennt. Ich war noch zu klein, um das alles so richtig zu verstehen, doch es war klar, dass die Trennung von meinem Vater und die Scheidung weder für uns Kinder noch für meine Mutter einfach waren. Sie hatte inzwischen über eine Maßnahme für alleinerziehende Mütter eine Ausbildung als Erzieherin machen können und arbeitete in einem Kindergarten. Mein Vater, mit dem ich nach ein paar unruhigen Jahren langsam wieder regelmäßigen Kontakt aufnahm, heiratete nach der Scheidung noch einmal und gründete eine neue Familie. Mit meinen Halbschwestern und -brüdern verstehe ich mich hervorragend: Sadio, 21, meine Brüder Mamadou, 25, und Amadou, 18, sowie das Nesthäkchen Mariama, 16, leben alle noch in Wuppertal. Genauso wie meine »richtige« Schwester Myriam, 28, die mit ihrem Freund und ihrem Sohn Malik, der gerade mal zwei Jahre alt ist, in Wuppertal-Elberfeld geblieben ist. Ich bin stolz auf meine große Familie und würde wirklich alles für sie tun. Vor allem meiner Mutter bin ich ewig dankbar. Sie ist meine Heldin. Es war für sie nicht einfach, sich ohne viel Unterstützung um zwei kleine temperamentvolle Kinder zu kümmern, dafür zu sorgen, dass wir finanziell halbwegs über die Runden kamen und dazu auch noch eine anständige Erziehung mit auf unseren Weg bekamen. Wir haben es ihr sicher nicht immer leicht gemacht. Das gilt leider vor allem für mich. Aber das wissen Sie ja bereits ...

Apropos Erziehung. Ich bin nicht sicher, ob meine Lehrer so froh waren, mich in ihrer Klasse zu haben. Ich war kein Kind, das sich gern ruhig für ein paar Stunden hinter ein Pult klemmte und konzentriert dem Unterricht folgte. Mein Bewegungsdrang, ich erwähnte ihn ja schon. Trotzdem kann ich nicht sagen, dass ich die knapp anderthalb Kilometer von zu Hause bis zu meiner Grundschule in der Hainstraße in den ersten Jahren meiner Schulzeit ungern gegangen wäre. Ich war gut in Mathe und Religion (kein Plan, wieso ...) und in Sport sowieso. Bis zur vierten Klasse kam ich mit den meisten Lehrern gut klar. Dementsprechend erhielt ich nach der vierten Klasse auch eine Realschul-Empfehlung – zudem eine, die meinen sportlichen Fähigkeiten entgegenkam. Bei der Friedrich-Bayer-Realschule handelt es sich um eine sogenannte NRW-Sportschule, in der Schüler von der fünften bis zur achten Klasse in der Woche sechs Stunden leistungsorientierten Sportunterricht erhalten, danach wird es etwas weniger. Die Teilnahme am Schulmannschaftstraining und an Projekten wie

»Jugend trainiert für Olympia« war nicht nur erwünscht, sie gehörte an der Friedrich-Bayer-Schule zum Pflichtprogramm. Ich musste sogar einen Eignungstest machen, um dort aufgenommen zu werden. Ich glaube, es waren hauptsächlich Sprints in der Halle, aber so genau weiß ich das nicht mehr. Aber dass ich das Schwimmabzeichen in Bronze und eine ärztliche Tauglichkeitsbescheinigung vorlegen musste, daran erinnere ich mich noch. Und dass wir alle eine Broschüre von der Schule erhielten, in der man genauestens festhielt, was von uns erwartet wurde: Teamfähigkeit, Fairness, korrektes Verhalten als Repräsentant der Schule und »sportgerechte Ernährung«. Ich bin nicht sicher, ob ich als Zehnjähriger bereits wusste, was das überhaupt sein sollte. Zum Glück hatte ich ohnehin keine Veranlagung, ein kleines Dickerchen zu werden. Und sportlich war ich sowieso: Ich spielte ja zu dieser Zeit schon ein paar Jahre im Verein bei Borussia Wuppertal und freute mich darüber, von nun an zusätzlich in der Schule trainieren zu können. Ärgerlich war nur, dass die Friedrich-Bayer-Schule schon fast in Wuppertal-Cronenberg lag und ich nun jeden Tag mit dem Bus 35 Minuten hin- und 35 Minuten zurückfahren musste, um nach Hause beziehungsweise auf den Sportplatz an der Nevigeser Straße zu kommen. Aber für meinen Sport war mir schon damals kein Weg zu weit.

Françoise Ruel
»Er kann heute zugeben, einen Fehler gemacht zu haben.«

Für die Mutter von Daniel Keita-Ruel gibt es eindeutige Indizien dafür, dass ihr Sohn im Gefängnis erwachsen geworden ist.

Es ist für mich gar nicht so einfach, über meinen Sohn zu sprechen. Ich möchte nicht, dass er sich falsch verstanden fühlt, bevormundet oder verletzt. Es ist alles ein wenig heikel, denn es gibt ja keine wirklichen Antworten auf viele Fragen. Warum sich ein Mensch so entwickelt, wie er das nun einmal tut, und warum er manchmal fatale, sehr schlechte Entscheidungen trifft, die einen dann sein ganzes Leben begleiten, hängt von so vielen Faktoren ab.

Es war für mich keine Frage, dass Daniel großen Mist gebaut hat damals, da müssen wir gar nicht drumherumreden. Ich will das auch nicht entschuldigen. Aber ich weiß ebenso gut, dass Daniel in seinem Kern kein schlechter Mensch ist. Einer, der zwar manchmal mit beiden Beinen ein wenig über dem Boden schwebt, sagt man das so? Der vielleicht ein kleiner Träumer ist. Aber er ist freundlich, hilfsbereit und großzügig und er würde alles für seine Familie tun (wobei sein Begriff von Familie sehr weit gefasst ist, auch seine Freunde zählt er dazu). Er hat mir zum Beispiel versprochen, dass er mir ein Haus baut, wenn es mit dem großen Fußball klappt. Das beweist wohl beides: seinen (in diesem Fall sehr liebenswerten) Hang zur Träumerei und die große Loyalität seiner Familie gegenüber.

Daniel hat immer schon, auch schon als kleiner Junge, viel nach Anerkennung gesucht, hat sich früh auch an den älteren Jungs im Viertel orientiert. Ich weiß nicht, ob er das bewusst so empfunden hat, aber wir haben ja in der Nevigeser Straße in einem überwiegend gutbürgerlichen Viertel in Wuppertal gewohnt, wo mitten in diese brave Gegend hinein ein paar Häuser extra für alleinerziehende Mütter und ihre Kinder gebaut worden sind. Das barg natürlich Potenzial für Ärger – nicht allen Nachbarn waren wir willkommen. Und Daniel ist da sicher – zumal als einziger dunkelhäutiger Junge der Nachbarschaft – manchmal auf Widerstände und Ablehnung gestoßen. Er hat sich nie etwas anmerken lassen. Dazu war er zu stolz und er hat sicher auch sehr viel über den Fußball kompensiert, darin war er ja gut vom ersten Tag an. In diesen unruhigen Zeiten war der Sport ja sein einzig verlässlicher Halt, der Ball vermutlich so etwas wie sein bester Freund.

Wenn ihn etwas beschäftigte, er vielleicht sogar ein Problem mit sich herumschleppte, hat er das meistens mit sich selbst ausgemacht. Es war nicht sein Ding, viel über seine Gefühle zu sprechen. Er regelte das allein und schottete sich ab. Oder sagen wir: Er agierte es aus. Schon als er ein Kleinkind war, musste ich immer höllisch aufpassen, was Daniel gerade trieb. Er kletterte um sein Leben gern auf Stühle, Tische und Bäume, man musste immer ein Auge auf ihn haben. Sein Bewegungsdrang war wirklich außergewöhnlich. Und er war ziemlich kreativ dabei. Wenn ihm beim Badminton der Federball aufs Dach geflogen war, konnte man sicher sein, dass er sich aus allem, was in der unmittelbaren Umgebung zu finden war, ein Gerüst baute. In der Hinsicht war er völlig angstfrei und wild, er wollte immer draußen sein und wusste sich da auch schon früh sehr selbstständig zu bewegen. Die Urlaube bei meiner Familie in Südfrankreich zum Beispiel hat er geliebt. Ich erinnere mich noch an einen Tag in Lyon, dorthin hatten wir einen Ausflug gemacht. In der Bahn war er plötzlich weg, typisch Daniel, er konnte von einer Sekunde auf die nächste wie vom Erdboden verschluckt sein – und Lyon ist keine kleine Stadt. Daniel war damals ungefähr acht Jahre alt. Ich war in heller Aufregung, doch Daniel hatte schon damals so einen guten Orientierungssinn und ein Gefühl dafür, wo er herkam und hinmusste, dass er das Haus meiner Schwester ganz allein wiederfand.

In der Schule haben Kinder wie Daniel Probleme. Sie sind nicht dafür gemacht, Stunde um Stunde ruhig sitzen zu müssen und einem Frontalunterricht zu folgen, die Schulzeit war nicht leicht für ihn. Dabei ist Daniel ein kreativer Junge, er ist auf eine intuitive Weise sehr sprachbegabt, er hat ja auch im Gefängnis Italienisch gelernt, ohne dafür konventionell aus Büchern zu pauken. Da darf man ihn nicht unterschätzen, auch wenn er die Realschule nach der siebten Klasse verlassen musste. Zu dumm war er nicht, Schule hat ihn einfach nicht sonderlich interessiert.

Dass er Fußballer werden wollte, hat er mir und der ganzen Welt schon sehr früh klargemacht. Ich habe seinen Sport unterstützt, soweit mir das als alleinerziehende Mutter von zwei Kindern mit einem Vollzeitjob möglich war. Daran geglaubt, dass er eine realistische Chance haben würde, Profi zu werden, habe ich erst ab dem Moment, an dem er das Angebot von Borussia Mönchengladbach erhielt. Ich traf Uli Sude, seinen späteren Trainer, und begleitete Daniel auch bei einer Führung über das Gladbacher Trainingszentrum sowie zu einem Spiel von Borussia Mönchengladbach in der Ersten Bundesliga. Das war schon alles sehr beeindruckend, das muss ich zugeben.

Als die Zeit bei Mönchengladbach dann leider endete und Daniel wieder in Wuppertal spielte, spürte ich unterbewusst, dass irgendetwas nicht stimmte mit ihm. Er entglitt mir, antwortete mir nur noch sehr harsch auf meine Fragen, war ungewöhnlich unruhig. Dass er mit den falschen Freunden zusammen war, blieb mir verborgen. Nur einmal habe ich gedacht, das ist jetzt komisch, da hatte ich ein ungutes Gefühl, auch wenn ich es nicht näher be-

gründen konnte. Das war, als Daniel uns ins Don Camillo & Peppone einlud, mich und einige andere aus der Familie. Giuseppe, der Inhaber des Restaurants – und wie sich herausstellen sollte, auch einer der Mittäter bei den Überfällen –, lächelte den ganzen Abend so künstlich in unsere Richtung und am Ende mussten wir die gesamte Rechnung nicht bezahlen, nichts davon. Das war mir alles nicht ganz geheuer, es war einfach drüber, zu viel. Doch hätte ich von diesem Vorfall ableiten können, dass Daniel in krumme Geschäfte verwickelt war?

Ich entschied in dieser Zeit, allein in eine kleinere Wohnung zu ziehen, ich wollte mir sein abweisendes Verhalten in unserer gemeinsamen Wohnung nicht länger antun. Als ich zuerst von seiner Verhaftung hörte – von seiner damaligen Freundin –, war ich natürlich schockiert. Ich habe mich so geschämt, dass ich ein paar Tage freigenommen habe, um mit niemandem auf der Arbeit darüber sprechen zu müssen. Dabei haben sich meine Kolleginnen ganz reizend verhalten. Es war nie eine Frage, dass ich Daniel auch im Gefängnis unterstützt und versucht habe, ihm so gut es ging zu helfen. Es muss gerade für einen so freiheitsliebenden Menschen wie Daniel, der im Grunde draußen auf der Straße lebte, schwer gewesen sein, eingesperrt zu werden. Was er da alles mit ansehen musste … Wenn ich ihn heute manchmal in Interviews sprechen höre, muss ich fast lächeln. Er tut ja immer so, als ob ihm das alles nichts ausgemacht habe, dass er da den ganzen Tag Sport machen konnte und so etwas. Ich glaube nicht, dass es für ihn wirklich immer so einfach war. Er hat sicher auch schwere Tage im Gefängnis erlebt. Aber das ist halt Daniel – er möchte ungern Schwäche zeigen. Aber ich merke schon, dass sich Daniel seit seiner Zeit im Gefängnis verändert hat, dass er reifer, erwachsener geworden ist. Das liegt vielleicht daran, dass er es allen gezeigt hat, die an ihm gezweifelt haben, dass er seinen Traum vom Profifußball wirklich wahr gemacht hat und ihm das eine neue innere Stabilität verliehen hat. Ich merke es aber auch an kleinen Dingen, daran zum Beispiel, dass er jetzt Yoga macht, was bei einem so unruhigen Geist wie ihm früher undenkbar gewesen wäre. Aber auch daran, dass er heute sogar manchmal zugeben kann, einen Fehler gemacht zu haben. Das war früher bei Daniel nicht drin.

3

BLAU UND GELB

Borussia Wuppertal. Das erste Training in Jeans und Fußballschuhen. Ein Trainer wie ein Freund. Und auf jeden die 10.

Vermutlich waren wir die schlechteste Mannschaft Wuppertals. Aber das interessierte mich noch nicht, als ich mich mit sechs Jahren endlich in einem Fußballverein anmelden durfte. Für jüngere Spieler gab es damals noch keine Möglichkeit, in einer richtigen Mannschaft zu spielen. Bambini-Truppen mit Fünf- bis Sechsjährigen gab es Mitte der Neunzigerjahre – zumindest in Wuppertal – noch nicht. Bis dahin spielte ich auf der Straße, in der Schule, auf dem Bolzplatz und überall da, wo mich die Älteren mitmachen ließen. Doch ich brannte darauf, endlich in einen Verein eintreten zu können und selbst eines der schicken Trikots tragen zu dürfen, die ich bei den Spielen der älteren Jungs am Wochenende schon so oft bewundert hatte. Borussia Wuppertal hieß der Verein vor meiner Haustür an der Nevigeser Straße, an seine Vereinsfarben Blau und Gelb erinnere ich mich noch gut. Sie sollten mich von meinem sechsten bis zu meinem fünfzehnten Lebensjahr begleiten, bevor ich zum ersten Mal in meiner Karriere den Verein wechselte.

Doch das war damals im Sommer 1995 noch nicht absehbar, als ich – begleitet von meiner Mutter, die sich persönlich ansehen wollte, mit wem ich es zukünftig zu tun haben würde – zu meinem ersten Training im Fußballverein antrat. Aus irgendwelchen Gründen, die ich heute nicht mehr wirklich nachvollziehen kann, trug ich damals zwar schon schicke

Nike-Fußballschuhe, aber darüber nicht etwa eine kurze Hose oder einen Trainingsanzug, sondern eine ganz normale Jeans. Krass. Das schien für mich und meine neuen Mitspieler aber kein großes Problem zu sein – ich bin sicher, dass man heutzutage in einem solchen Aufzug gleich gedisst würde, inzwischen gibt's ja auch schon bei den Kleinsten einen strikten Dresscode. Damals kam es wohl mehr darauf an, ob man sich mit dem Ball angefreundet hatte und dass man auch außerhalb des Platzes kein Vollpfosten war. In den Jugendfußballmannschaften ist das fast noch wichtiger als später, wenn man als Erwachsener in der Regel nach jeder Saison mit neuen Gesichtern konfrontiert wird, weil man entweder den Verein wechselt oder weil wieder ein paar Neuzugänge zur eigenen Mannschaft stoßen. In der Jugend aber spielst du von der F-Jugend bis zur A-Jugend häufig mit den gleichen Jungs zusammen, und mit denen solltest du schon klarkommen, wenn du nicht unglücklich werden oder ständig den Verein wechseln willst. Ich fühlte mich vom ersten Tag an wohl mit meinen neuen Mitspielern, von denen ich einige bereits von den Bolzplätzen in unserem Viertel kannte. Meine besten Freunde in der Mannschaft waren Marcel, der Sohn des Trainers, und ein iranisches Brüderpaar namens Shahed und Shajan, die, wenn ich mich richtig erinnere, auch zu den besten Fußballern der Mannschaft gehörten. Wobei das, siehe oben, zwangsläufig eine sehr relative Einschätzung sein muss: Wir fingen ja, was Technik und Taktik anging, alle fast bei null an. Ich war gerade erst eingeschult worden, um mir Grundkenntnisse in allen möglichen Fächern zu verschaffen – nun fand ein ganz ähnlicher Prozess für uns auch bei Borussia Wuppertal auf dem Sportplatz statt.

Fast noch wichtiger als die Mitspieler sind in den ersten Jahren die Trainer, mit denen du es zu tun bekommst. In den Jugendmannschaften ganz normaler Vereine sind das in der Regel Spielerväter, die in einem schwachen Augenblick zugestimmt haben, den undankbaren (und meistens unbezahlten)

Job des Trainers zu übernehmen. Zweimal in der Woche mit der Pfeife im Mundwinkel spargelbeinige Jungs um den Platz scheuchen und am Wochenende ein Spiel im Nachbardorf zu coachen, das trauen sich die meisten Männer auch ohne Trainerschein so gerade noch zu. Doch leider ist das nicht immer eine gute Entscheidung. Da kann man als Junior-Kicker ganz schön Pech haben und schon mal an einen pädagogisch unbedarften Brüllaffen geraten oder einen fußballerisch eher ahnungslosen Horst, der sich an der Trainingslehre von Sepp Herberger orientiert und Grundschüler stundenlang ohne Ball um den Platz hecheln lässt. Da kann einem die Freude am Kicken sehr, sehr schnell vergehen. Und nur darum sollte es doch gerade am Anfang einer jeden Sportlerlaufbahn gehen: Spaß zu haben!

Zum Glück meinte es das Schicksal gut mit Borussia Wuppertal und mir: Unser Trainer Hassan Önder war kein überehrgeiziger Schreihals, der uns an der Seitenlinie nervös machte, sondern ein freundlicher, sachlicher Mann mit einem großen Herzen. Zudem war er selbst ein technisch guter Linksfuß, der uns zukünftig mit viel Geduld beibringen sollte, worauf es beim Fußballspielen ankommt. Ich bewundere ihn heute noch dafür, wie er aus unserem wilden Haufen in kleinen Schritten eine nach lokalen Maßstäben doch recht erfolgreiche Mannschaft geformt hat. Und er ist auch nicht verzweifelt, als ich in den ersten Jahren unserer Zusammenarbeit keinerlei Neigungen verspürte, seinen taktischen Anweisungen Folge zu leisten. Dass man beim Fußball eine gewisse Struktur braucht und es nicht reicht, auf dem Platz immer nur sein Ding durchzuziehen, habe ich lange Zeit nicht verstanden. Um ehrlich zu sein: Es hat schon gedauert, bis ich überhaupt einsah, dass ich meinem Trainer einfach hin und wieder zuhören musste, um zu verstehen, was er von mir wollte. Die Taktiktafel war ein Graus für mich. Jede Minute, in der ich nicht mit dem Ball, hinter dem Ball und nach dem Ball jagen konnte, war eine verlorene Minute. Viele andere Trainer hätten die Beherrschung verloren, wenn ich mal wieder intuitiv das Gegenteil von dem tat, was ich eigentlich tun sollte. Nicht so Hassan Önder. Er erkannte, dass ich nicht aufmüpfig und rebellisch sein *wollte*, sondern einfach nur gewisse Probleme hatte, mich zu fokussieren. So wie ein junges Pferd mit viel zu viel Energie. Er setzte mich – selten, aber immerhin – schon mal für eine Halbzeit auf die Ersatzbank. Oder stellte mich sogar ins Tor, angeblich weil ich so gute, weite Abstöße machen konnte. Doch ich glaube, das waren nur Versuche, mich ein wenig zu erden, etwas Dampf rauszunehmen aus meinem Körper – und am Ende hat es ja auch funktioniert. Mit elf, zwölf Jahren hatte ich mich zu einem vielversprechenden Nachwuchsspieler entwickelt, der hin und wieder auch schon das Interesse anderer Vereine auf sich zog.

So, wie Hassan Önder *mich* besser gemacht hatte, so schaffte er das auch mit vielen meiner Mitspieler. Das ganze Team wurde spürbar besser, wurde erfolgreicher. Hin und wieder gelang uns sogar mal ein Turniersieg oder eine Meisterschaft in einer der unteren Klassen. Wir spielten gegen Mannschaften wie den TSV Ronsdorf auf seiner »Waldkampfbahn«, gegen die Sportgemeinschaft Hackenberg, Bayer Wuppertal oder den SSV Grefrath, hauptsächlich gegen kleinere Mannschaften aus der Umgebung. Nur gegen den Wuppertaler SV durften wir eher selten ran. Im normalen Betrieb sowieso nicht, denn wir spielten nie in einer Liga. Wenn wir Glück hatten, trafen wir im Pokal auf den WSV oder mal bei einem der vielen Turniere, an denen wir teilnahmen. Der Wuppertaler SV war damals so etwas wie der FC Bayern in unserer Gegend – wir kickten unterhalb seiner Wahrnehmungsgrenze. Die erste Mannschaft hatte sogar einmal in der Ersten Bundesliga gespielt, von 1972 bis 1975 mit Günter »Meister« Pröpper im Sturm, dem wohl populärsten Kicker, den es in Wuppertal jemals gegeben hatte. Lang ist es her. Trotzdem: Für uns Nachwuchskicker war der WSV immer noch eine große Nummer. In kühnen Momenten hofften wir, irgendwann einmal gut genug zu werden, um für den Wuppertaler SV auflaufen zu dürfen. Fast zehn Jahre, nachdem ich bei Borussia Wuppertal zum ersten Vereinstraining unter meinem Trainer Hassan Önder angetreten war, sollte es dann wirklich passieren: Ich spielte ein Jahr in der B-Jugend-Bundesliga für den Wuppertaler SV. Ohne Hassan Önder hätte ich das wohl kaum geschafft, bei allem Talent.

Es stellte sich schon früh heraus, dass ich mich von den meisten meiner Mitspieler bei der Borussia abhob: Ich fühlte mich wohl auf dem Platz, war schnell, robust und wusste – wie man so schön sagt –, »wo das Tor steht«.

Zudem hatte ich den härtesten Schuss der Mannschaft – und das mit beiden Füßen. Hassan Önder hatte mir schon sehr früh klargemacht, dass »Beidfüßigkeit« zu den seltenen Fähigkeiten eines Fußballers gehörte, die ihn vom Durchschnittskicker unterschieden. Und da ich genau zuhörte, wenn mein Trainer mir Tipps gab, trainierte ich nicht selten einen ganzen Tag ausschließlich mit meinem schwächeren Fuß, um irgendwann so weit zu sein, gar nicht mehr zu wissen, welcher von beiden denn eigentlich mein schwacher Fuß war. Außerdem war ich schon früh übertrieben selbstbewusst und teilte meiner Familie, meinen Freunden und Mitspielern sehr unverblümt mit, was ich beruflich in meinem weiteren Leben zu tun beabsichtigte: »Ich will Fußballprofi werden!« Das war in meinen jungen Jahren die erste und einzig mögliche Antwort auf die Frage nach meinem Berufswunsch. Natürlich klang dieser Satz in den Ohren meiner Familie und meiner Freunde nicht anders, als wenn ich gesagt hätte, dass ich Kapitän eines Raumschiffes oder Feuerwehrmann auf Hawaii werden wollte. Es war einfach noch alles sehr, sehr weit weg. Trotzdem finde ich es im Rückblick erstaunlich, wie früh ich mir sicher war, dass ich mein Ziel tatsächlich erreichen kann – und mit welcher Ernsthaftigkeit und Disziplin ich dieses Ziel schon in sehr jungen Jahren verfolgt habe.

Mein Held damals war Zinédine Zidane, dessen Rückennummer 10 ich auch auf meinem Trikot trug – obwohl ich meistens ganz vorne im Sturm und nicht auf Zidanes Position im offensiven Mittelfeld eingesetzt wurde. Mein Faible für Zidane hat vielleicht auch ein wenig damit zu tun, dass ich 1998, als Frankreich im eigenen Land gegen Brasilien Fußballweltmeister wurde, selbst in Frankreich war. Ich bin ja halb Franzose, halb Senegalese und reise mit meiner Mutter in den Schulferien regelmäßig zu unserer Familie nach Südfrankreich. Solch einen WM-Triumph im Land des Gastgebers und späteren Weltmeisters zu erleben, war beeindruckend und setzte mich in Flammen – zumal der beste Spieler des Turniers ohnehin mein Idol war und in Posterform ganzflächig die eigenen Kinderzimmerwände zierte. Meine Mutter hat noch heute ein DIN-A4-Schreibheft aufbewahrt, in dem ich damals in einer Art Tagebuch diesen herrlichen »französischen Sommer« festgehalten habe, mit Fotos, Zeitungsausschnitten und handgeschriebenen Eintragungen zu den Spielen und all dem, was ich selbst unterdessen auf französischen Sportplätzen erlebte. Wer es nicht glauben will, kann sich dieses »Tagebuch« gerne einmal ansehen. Es beweist: Schon mit neun, zehn Jahren bestand meine Welt zu 99 Prozent aus Fußball, Fußball, Fußball. Und wenn es nach mir gegangen wäre, hätte ich das restliche Prozent auch gern noch umgetauscht.

Hassan Önder
»Im gegnerischen Strafraum wühlen, das war schon immer, was er wollte.«

Hassan Önder war der erste Trainer von Daniel Keita-Ruel, damals noch bei Borussia Wuppertal. Er begleitete ihn vom sechsten Lebensjahr an bis zur B-Jugend, als Daniel mit 16 Jahren zum Wuppertaler SV wechselte

Ich kann mich noch an das erste Mal erinnern, als Daniel bei uns zum Training erschien. 1996 muss das gewesen sein. Er hatte nicht mal eine Sporthose, sondern kam in Jeans und Fußballschuhen. Das war ihm aber völlig egal: Er wollte nur spielen. Er war wie ein wildes Pferd. Das Drumherum interessierte ihn nicht. Obwohl ich zu der Zeit noch nicht so viel Erfahrung hatte als Trainer, war mir sofort klar, dass Daniel ein ganz besonderes Talent für den Fußball mitbrachte: Er war schnell, er nahm den Ball richtig an, er war ein echtes Bewegungstalent. Das war schon ein Unterschied zu den meisten anderen Kindern. Und man konnte sehen, was für ein lebensfroher Junge er war. Es machte gleich Spaß, mit ihm zu arbeiten. Wenn es etwas zu kritisieren gab, dann immer nur eines: Daniel wollte nur spielen, ungebremst von taktischen Überlegungen und Zwängen. Stellte man ihn auf der linken Seite auf, konnte man sicher sein, dass er sich irgendwo auf der rechten Seite des Spielfeldes herumtrieb – oder einfach da, wo der Ball in der Nähe war. Bei

Mannschaftsbesprechungen hörte er nicht zu, er konnte (oder wollte) sich einfach nicht konzentrieren, sein Bewegungsdrang war kaum zu bremsen. Aber das war kein schwerwiegendes Problem, manchmal ein wenig lästig vielleicht. Was wirklich zählte für uns: Er war ein netter und beliebter Junge in meiner Mannschaft, alle mochten ihn. Und das habe ich auch seiner Mutter gesagt, die immer mal wieder vorbeikam und wissen wollte, wie sich Daniel im Verein machte. Eine sehr nette Frau, sie besuchte die Heimspiele, wann immer sie konnte – das war für eine berufstätige und alleinerziehende Mutter von zwei Kindern sicher auch nicht einfach.

Obwohl sich im Laufe der Jahre zeigte, dass Daniel den anderen Jungs in seiner Altersklasse spielerisch deutlich überlegen war, hat er das nie heraushängen lassen. Er spielte sehr mannschaftsdienlich und hat sich auch nie gesträubt, die Position auf dem Spielfeld zu wechseln, wenn ihm das gesagt wurde. Wieso sollte ausgerechnet er ins Tor oder sogar mal eine Halbzeit auf der Bank sitzen, wenn wir zu viele Spieler waren? Aber da musste jeder seiner Mannschaftskameraden durch, und das hat er akzeptiert. Da war er nicht abgehoben, auch wenn es ihn sichtlich ärgerte. Schließlich wollte er einfach nur spielen, und das am liebsten als Mittelstürmer. Im gegnerischen Strafraum wühlen, viele Tore schießen, das war schon immer, was er wollte.

Ob ich damals die Anzeichen dafür erkannt habe, dass er mal Profifußballer werden könnte? Schwer zu sagen. Er hatte besondere Fähigkeiten, das auf jeden Fall, aber für den Profifußball braucht es ja bekanntlich mehr als das: Willenskraft, Ehrgeiz und auch Glück im richtigen Moment. Mit acht, neun oder zehn Jahren kann man da noch keine belastbaren Aussagen treffen. Zumal wir eine Mannschaft hatten, die sich gerade erst entwickelte. Zu Beginn unserer gemeinsamen Zeit verloren wir alle Spiele, wir mussten ganz kleine Schritte machen: das erste Tor, der erste Punkt, unser erster Sieg – das dauerte alles seine

Zeit. Allein schon aus diesem Grund war der Gedanke daran, dass einer von uns mal sein Geld als Profi verdienen würde, sehr weit weg.

Auch wenn man heute die Geschichte im Rückblick erzählt und weiß, wie sich sein Leben entwickelt hat: Es gab für mich keine Anzeichen dafür, dass Daniel mal auf die schiefe Bahn geraten könnte. Er war immer ein netter, vielleicht manchmal sogar zu freundlicher Junge, der sich nur hin und wieder etwas zu leicht beeinflussen ließ. Er konnte schlecht Nein sagen. Ich war natürlich enttäuscht, als ich von den Raubüberfällen und seiner Festnahme erfuhr. Nach seinem Wechsel zu Borussia Mönchengladbach hatten wir uns ein wenig aus den Augen verloren. Aber durch seine früheren Mitspieler und aus den Zeitungen bekam ich natürlich mit, wie es mit seiner Karriere voranging. Und auch, wie sie scheinbar vorbei war nach den Überfällen in Wuppertal und seiner Inhaftierung. Dass er es geschafft hat, sich in dieser Situation zu überwinden und im Gefängnis noch einmal ganz neu anzufangen, das finde ich extrem stark von ihm. Seinen Körper unter diesen Umständen in Form zu bringen, ist ja nur die eine Sache. Aber vom Kopf her finde ich es extrem schwierig, mit Mitte zwanzig im Gefängnis zu sagen: Ich pack das jetzt noch mal an, auch wenn keiner an mich glaubt, ich gebe nicht auf. Dafür hat Daniel meinen allergrößten Respekt.

DIE RICHTUNG STIMMT

4

Fortunas falsche Freunde. Fortschritte. Weg von der Borussia, auf nach Jugoslawien (irgendwie).

Es ist ein Unterschied, ob man als Knirps von sechs Jahren vor seinen Freunden und seiner Mutter steht und kräht, dass man später mal Profifußballer werden wird. Oder ob man genau dasselbe noch mit der gleichen Überzeugung und fester Stimme mit elf, zwölf oder dreizehn Jahren macht. So ganz, ganz langsam spürte ich, dass mein Traumziel näher rückte, dass meine Entwicklung auf dem Platz zumindest in die richtige Richtung wies. Immer regelmäßiger entschied ich die Spiele für meine Mannschaft, wurde von anderen Vereinen wahrgenommen und zockte im Käfig auf dem Bolzplatz mit meinen Freunden die meisten anderen Teams ab. Mit meiner Mutter zusammen führte ich zu Hause Listen, in denen wir alle meine Tore aufführten – und da kamen nun in jeder Saison mehr zusammen. Inzwischen trainierte ich auch während der Schulzeit in der Friedrich-Bayer-Realschule fast täglich und arbeitete ganz bewusst an meiner Fitness. Mit dreizehn Jahren wurde ich zum ersten Mal in die Kreisauswahl Wuppertal berufen. Wow, ich gehörte jetzt ganz offiziell zu den besten 20 Spielern meines Alters in ganz Wuppertal und Umgebung! Das war natürlich eine große Sache für mich, denn dort spielten sonst hauptsächlich die Jugendspieler aus höherklassigen Ligen. Zu dem Zeitpunkt fing es auch an, dass mich Mitspieler in der Kreisauswahl oder Gegenspieler von größeren Teams, gegen die wir auf Turnieren spielten, fragten, ob ich nicht zu ihnen wechseln wollte. Ich sei doch schon viel zu gut für Borussia Wuppertal. Das war natürlich ein reizvoller Gedanke und schmeichelte mir auch ein wenig; ich müsste lügen, wenn ich das abstreiten würde. Außerdem wollte ich sportlich ja auch vorankommen, je schneller, desto besser. Theoretisch. Trotzdem hielt mich damals noch etwas von dem Schritt zu einem anderen Verein zurück. Zum einen natürlich mein Trainer Hassan Önder, zu dem ich ein beinahe väterliches Verhältnis aufgebaut hatte. Ihm vertraute ich, als er mir nach einem frühen Angebot des MSV Duisburg riet, noch ein Jahr oder zwei mit einem Wechsel zu warten. Es sei für mich noch zu früh, meine vertraute Umgebung zu verlassen. Er ließ dabei aber zum Glück sehr deutlich durchblicken, dass er mir den Sprung sportlich auf jeden Fall schon zutrauen würde, worüber ich im Nachhinein sehr froh bin. Vielleicht hätte ich ihm und dem Rest der Welt nämlich ansonsten aus Trotz und verletztem Stolz beweisen müssen, dass ich es überall und jederzeit schaffen würde, in einer höheren Liga zu spielen. So wie es mich immer provoziert, wenn mir jemand zu verstehen gibt, dass ich etwas nicht schaffen kann – dann bin ich immer besonders motiviert, das Gegenteil zu beweisen. In Wahrheit fühlte ich mich aber damals tatsächlich noch nicht so weit, meine langjährigen Freunde bei der Borussia im Stich zu lassen. Denn genau so hätte es sich angefühlt.

Eine andere Geschichte macht mein damaliges Dilemma vielleicht noch ein wenig deutlicher. Der Trainer von Fortuna Düsseldorf hatte mich in einem Freundschaftsspiel kicken sehen. Ihm gefiel wohl, was er sah, und so lud er mich zum Probetraining seiner Mannschaft ein, der U16. Es war mein erstes Jahr in der B-Jugend. Diese Möglichkeit klang ziemlich reizvoll, denn die Fortuna gehörte neben Borussia Mönchengladbach, Schalke 04 und Borussia Dortmund zu den ganz großen Vereinen in der unmittelbaren Umgebung. Zudem war Fortuna Düsseldorf für seine extrem gute Jugendabteilung bekannt, dort spielte man in allen Jahrgängen in der höchsten Liga. Ich fuhr hin – und nahm noch einen meiner engsten Freunde mit, meinen Mitspieler Burak. Ihm hatte ich natürlich von dem Probetraining erzählt. Okay, meinte er, dann würde er es halt auch mal bei Düsseldorf versuchen, schließlich sei er ja gut genug. Nun. War er nicht. Wir reden hier von einem etwas zu kompakten Abwehrspieler mit einer guten Technik und einem interessanten Laufstil, der ihm leider kein allzu hohes Tempo erlaubte. Ich schleppte ihn trotzdem mit zum Jugendleistungszentrum in Düsseldorf-Flingern. Er war schließlich mein Bruder, so sehe ich das. Und vielleicht würden wir ja Glück haben und beide genommen werden. Wir trainierten genau zweimal mit, dann nahm der Düsseldorfer Trainer Burak zur Seite und sagte ihm: »Hör mal, das reicht leider nicht.« Und zu mir: »Aber dich würden wir hier sehr gerne begrüßen.« Natürlich habe ich mich gefreut. Fortuna Düsseldorf, Junioren-Bundesliga – krass. Und dann noch diese übertriebene Anlage, alles neu, so viele Plätze, komplett modern. Das war schon was ganz anderes, als ich bislang von der Nevigeser Straße gewohnt war. Und auch das Niveau auf dem Platz hat mich ein wenig angefixt. Ich merkte gleich, dass eine Menge gute Spieler dabei waren – mit denen gemeinsam die Bundesliga zu rocken Spaß machen würde.

Nun. Ich bin nach diesem Probetraining mit Burak nie wieder nach Flingern gefahren. Wenn sie meinen Freund nicht nehmen, dann gehe ich da eben auch nicht hin, habe ich mir damals gesagt.

So hat mir das Probetraining bei Fortuna Düsseldorf zwar keinen Vertrag für die Junioren-Bundesliga verschafft, dafür aber einen Freund fürs Leben. Und da rede ich nicht von Burak. Was war passiert? Beim Training mit den Düsseldorfer Spielern war mir einer von ihnen aufgefallen: Er spielte einen feinen Ball und war außerdem ein absolut krasser Typ. Wir freundeten uns schnell an – und da reden wir von einer Freundschaft, die bis heute andauert. Mehr als das: George »Boogie« Amartey ist heute einer meiner Berater. Er brachte mich zu der Kölner Agentur *100and10 Sportmanagement* von Omar Afkir, bei der ich mich uneingeschränkt wohlfühle und die mit Jeremy Dudziak oder Collin Quaner auch noch weitere Freunde von mir vertritt. Mit meinen Freunden zu sein, mit vertrauten Gesichtern zu spielen und alles gemeinsam zu erleben, mich über alle Fragen des Lebens mit ihnen auszutauschen, das war mir immer schon sehr wichtig und ist es im Grunde auch heute noch. Natürlich kann man sich im professionellen Sport solche Sentimentalitäten nicht immer erlauben, das ist schon klar. Aber davon war ich zu jener Zeit ohnehin noch weit entfernt.

Damals wäre ich vermutlich sogar zu einem Verein gegangen, der FK Jugoslavija hieß und auf einem Aschenplatz kickte, nur um bei meinen Freunden und meinem Trainer zu bleiben. Moment mal – genau *das* habe ich ja getan … Mit 15 Jahren, in meinem ersten Jahr in der B-Jugend, wechselte ich nicht zu Fortuna Düsseldorf oder zu einem anderen großen Verein in der Umgebung, sondern meldete mich tatsächlich bei einem Kreisliga-Verein an, der einen harten Aschenplatz bespielte und unter der Adresse »Am Schnapsstüber 12« zu finden war. Vermutlich stellen sich jetzt ein paar Fragen …

Der Hintergrund dieser auf den ersten Blick einigermaßen hirnverbrannten Entscheidung war folgender: Am 1. Juli fusionierte mein Verein Borussia Wuppertal mit dem großen Wuppertaler SV zum Wuppertaler SV Borussia. Ich erspare Ihnen die ganzen schmutzigen Details, nur so viel: Ein Fußballhistoriker hat die höchst umstrittene Fusion ein paar Jahre später einmal als »feindliche Übernahme« bezeichnet. Das trifft es wohl ganz gut. Dabei wurde natürlich überwiegend die Borussia vom Wuppertaler SV geschluckt. Für uns als Jugendmannschaft bedeutete das konkret, dass wir im besten Fall als zweite B-Jugend-Mannschaft beim neu entstandenen Groß-Club integriert werden würden, und selbst das erschien nicht sicher. Möglich war auch, dass wir komplett vom Spielbetrieb abgemeldet wurden. Angeblich, so schimmerte durch, taugten wir sportlich nicht, um unter der stolzen Flagge des Wuppertaler SV zu segeln. Aus diesem Grund suchte unser Trainer rechtzeitig nach einer neuen Heimat für uns und fand mit dem FK Jugoslavija tatsächlich einen Verein, der bereit war, unsere ganze Mannschaft aufzunehmen. Mehr als das: Er wollte unseren Versuch, in Zukunft auch mal eine Klasse aufzusteigen, tatkräftig unterstützen. Und auch abgesehen davon waren wir herzlich willkommen. Es war ein Glücksfall für uns alle. Und was die Fusion anging: Die Funktionäre und Sportler der beiden Vereine harmonierten vom ersten Tag an nicht wirklich miteinander. Nicht mal zehn Jahre nach der Fusion, 2013, wurde *Borussia* wieder aus dem Namen getilgt, so als hätte es meinen allerersten Verein nie gegeben.

Ich erinnere mich wahnsinnig gerne an das Jahr bei FK Jugoslavija. Der Verein wurde von Serben gelebt wie eine große, laute Familie. (Nur Kroaten und Albaner waren nicht willkommen, aber über so etwas machte ich mir damals noch keine Gedanken.) Sportlicher Erfolg war gut, Zusammenhalt und harmonisches Miteinander aber spürbar wichtiger. Das Vereinsleben spielte sich in einem Sportlerheim ab, vor dem ständig gegrillt und amtlich gebechert wurde, am Wochenende brachten die Spieler aller Mannschaften ihre Familien mit auf die Anlage. Auch ich verbrachte in diesem Jahr beinahe meine gesamte Freizeit dort, wurde bestens verpflegt und spielte nicht nur in der B-Jugend, sondern auch hin und wieder für die erste Mannschaft in der Kreisliga. Mit fünfzehn Jahren. Das war natürlich ziemlich verrückt und sicher keine Sache, die mich in spielerischer Hinsicht weitergebracht hat. Mal ganz abgesehen von diesem mörderischen Aschenplatz! Aber wer sich als Fünfzehnjähriger mit den Ochsen und Hauern auseinandersetzen muss, die in der Kreisliga in der Regel als Verteidiger aufgeboten werden, der lernt zwar meistens keine virtuosen Tricks, gewinnt aber auf jeden Fall an Robustheit. Heißt übersetzt für Nichtfußballer: Man lernt, in welchen Momenten man besser einen Schritt zur Seite macht – zur Not auch ohne Ball –, um einer eingeflogenen Blutgrätsche auszuweichen.

Ich fand viele gute Freunde bei der FK Jugoslavija und zum Verein habe ich auch heute noch guten Kontakt. Doch nach diesem einen Jahr in Uellendahl-Katernberg war auch klar: Wollte ich im Fußball noch etwas erreichen, dann musste ich hier meine Zelte abbrechen, so schön es in der serbischen Gemeinschaft auch war. Selbst mein Trainer Hassan Önder gab mir zu verstehen, dass ich gehen müsse, um in der nächsten Saison höhere Ziele anzupeilen.

Es traf sich gut, dass der Wuppertaler SV genau in dieser Zeit die Qualifikation für die U17-Junioren-Bundesliga West geschafft hatte. Ich könnte also in der höchsten Klasse spielen, ohne die Stadt und mein gewohntes Umfeld verlassen zu müssen. Ich nahm Kontakt zu meinem Patenonkel Jean-Louis Tavarez auf, der zu diesem Zeitpunkt noch für den Wuppertaler SV in der ersten Mannschaft spielte. Er ist Senegalese wie mein Vater und natürlich nicht mein richtiger Onkel, sondern »nur« ein guter Freund meines Vaters: Aber spielte das für uns eine Rolle? Nein. Wir sind trotzdem füreinander da, wenn es nötig ist. Jean-Louis sprach mit dem Jugendleiter des Wuppertaler SV und arrangierte ein Probetraining für mich. Jetzt musste ich auf dem Platz nur noch überzeugen, dann hieß es: Bundesliga!

Alfonso del Cueto
»Allein ist das unser bester Mann.«

Alfonso del Cueto war der erste Trainer im Leistungsfußball, der Daniel Keita-Ruels Qualitäten erkannte – und sich darüber sogar mit dem eigenen Vorstand anlegte.

Eigentlich sollte ich beim Wuppertaler SV erst im Sommer bei der U19-Bundesligamannschaft einsteigen. Doch bei der U17 lief es in der Vorrunde überhaupt nicht gut, und so bat man mich, dort für ein halbes Jahr auszuhelfen. Ich habe mir dann die Mannschaft beim Spiel und beim Training angesehen und mich bei meinem Co-Trainer erkundigt: »Wieso spielt denn der Daniel Keita-Ruel nicht?« Er konnte mir das aber auch nicht so genau sagen. Hatte wohl damit zu tun, dass Daniel von einem kleinen Verein in Wuppertal gekommen war, dem FK Jugoslavija, und man ihm aufgrund dessen wenig zutraute. Das war natürlich Quatsch, das war in jedem Training zu sehen. Ich stellte ihn dann beim nächsten Spiel gegen allerlei Widerstände gleich in die Sturmspitze. Ich sah ja auch, dass der Junge brannte, und hoffte, dass er sich mit Leistung für dieses Vertrauen revanchieren würde. Für die Aufstellung Keitas musste ich mich sogar mit dem Jugendvorstand auseinandersetzen, der das alles etwas anders sah. Aber nicht sehr lange, denn Daniel funktionierte sprichwörtlich von der ersten Minute an. Er schoss Tore, in fast jedem Spiel, machte unglaubliche Wege, er mauserte sich schnell zu unserem wertvollsten Spieler. Menschlich war er ohnehin gut integriert, an seiner Einstellung, seinem Ehrgeiz war nie zu zweifeln.

Das konnte man dann auch im Laufe der Saison immer mehr sehen, als wir gegen viele der großen Mannschaften punkteten und er immer unter den Torschützen war. Vor allem gegen Borussia Mönchengladbach brachte er eine Bombenleistung, schoss unter Flutlicht zwei von drei Toren. Danach erhielt er ja auch sofort das Angebot der Borussia für die U19 in der nächsten Saison. Es war klar, dass wir ihn nicht in Wuppertal halten konnten.

Ich habe Daniels Karriere natürlich auch nach seinem Wechsel zu Borussia Mönchengladbach verfolgt, wir hatten immer mal wieder Kontakt. Ich konnte da schon erkennen, dass es nicht immer so rundlief für ihn. Eines Tages traf ich dann seinen Trainer Uli Sude bei einer Trainertagung und erkundigte mich nach meinem früheren Schützling. Was der über Daniel sagte, entsprach ziemlich genau meinem Eindruck. Er sprach von gewissen Problemen mit der Disziplin bei Daniel, aber auch von seinem großen Potenzial. »Wenn wir zwei Wochen bei einem Trainingslager in der Schweiz sind, dann ist Daniel der beste Mann. Kaum ist er zurück in seinem alten Umfeld mit seinen Freunden, verliert er den Blick fürs Wesentliche.«

Kurz bevor Daniel dann in Wuppertal wegen der Überfälle verhaftet wurde, hatte ich ihn sogar noch zu mir nach Hause eingeladen. Ich weiß es noch wie heute, wir saßen bei mir im Garten, er war ein wenig fahrig und zuweilen abwesend, obwohl er mich ja selbst um das Gespräch gebeten hatte. Er war wohl auf der Suche nach einem neuen Verein, wollte weg aus Wuppertal. Auffallend war, dass er da vor mir mit zwei Handys hantierte, das war schon ein bisschen merkwürdig.

Ich bin sicher, dass Daniel inzwischen die faulen Äpfel aus seinem Leben verbannt hat und nun weiß, worauf es im Leben eines Profis ankommt. Das zeigt ja auch der Weg, den er in den letzten vier Jahren gemacht hat. Es freut mich für ihn, denn das hat er sich nach den schweren Zeiten in der Vergangenheit wirklich verdient.

KÄFIGHALTUNG

Mit dem Wuppertaler SV in der Junioren-Bundesliga. Mit Burak Karan im Käfig. Von Dauerläufen um sechs Uhr morgens.

Es gibt nichts Schöneres für einen jungen Fußballer, als morgens aufzuwachen und zu wissen: Ich spiele heute Abend gegen Schalke 04. Oder Borussia Dortmund, den 1. FC Köln oder Bayer Leverkusen. Das ist das Höchste, mehr geht in dem Alter nicht. Und näher kommt man an den »richtigen« Fußball auch nicht ran. Dementsprechend sauer war ich, als ich in den ersten Spielen der U17-Bundesliga nicht aufgestellt wurde, sondern immer erst auf der Bank Platz nehmen musste. Beim Probetraining für den Kader hatte ich mich relativ problemlos durchgesetzt. Ich fühlte mich wohl in der Mannschaft, die zudem gut besetzt war. Neben meinem Freund »Ere« Ghebremedhin im offensiven Mittelfeld spielte da zum Beispiel Serdar Kesimal als Innenverteidiger. Guter Mann, das war schon damals klar. Von Wuppertal aus ging er später zum FC Köln, spielte dort erst bei den Amateuren und wechselte dann in die Türkei, wo er bei Kayserispor und Fenerbahçe Istanbul sogar türkischer Nationalspieler wurde. Das nur als Beleg dafür, dass ich im Jugendfußball jetzt so langsam auf einem anständigen Niveau und mit richtig guten Leuten spielte. Beziehungsweise eben nicht spielte, jedenfalls in den ersten Wochen. Das lag an meinem Mitspieler Christian, der meine Position im Sturmzentrum blockierte. Allerdings nicht, weil er da so prima performte und uns von einem Sieg zum nächsten ballerte. Nein,

Christian war der Sohn unseres Jugendleiters und wurde von unserem Trainer regelmäßig als Mittelstürmer aufgestellt. Wird wohl ein Akt vorauseilenden Gehorsams gewesen sein, man könnte es auch als A…kriecherei bezeichnen. Nichts gegen Christian, der war okay und konnte ja gar nichts dafür, dass man ihn trotz seiner Ladehemmung da vorne drin immer wieder aufs Neue aufstellte. Aber schön war das nicht für mich. Ich war für den Job einfach besser geeignet. Das wusste ich, das wussten meine Mitspieler, das wusste vermutlich sogar Christian selbst, der heute übrigens in der Kreisliga B in der Abwehr (!) spielt …

Mein Glück war, dass wir nach einigen Spielen, bei denen wir eine Menge Erfahrungen, aber keine Punkte sammelten, einen neuen Trainer erhielten. So wehrlos wollten sich die Verantwortlichen des Wuppertaler SV dann wohl doch nicht aus der U17-Bundesliga verabschieden. Alfonso del Cueto war Spanier und ein Trainer, der viel vom Fußball verstand. Er ist heute noch als Oberliga-Trainer in Ratingen aktiv. Damals stellte er nicht nur das Training, sondern auch gleich die Mannschaft um. Christian spielte fortan auf der Außenbahn und ich durfte endlich, endlich meine ersten Spiele von Beginn an in der Bundesliga absolvieren. Zum Glück war ich fit, obwohl ich in den ersten Spielen nur wenig Einsatzzeiten bekommen hatte. Das lag daran, dass ich zu dieser Zeit sehr viel außerhalb des geregelten Vereinstrainings trainierte. So ging ich zum Beispiel mit meinem kongolesischen Freund Birmence, der damals für die Jugendmannschaft des MSV Duisburg spielte und in meinem Viertel wohnte, vor der Schule häufig laufen. Um sechs Uhr morgens rannten wir 45 Minuten durchs hügelige Wuppertal und endeten fast immer vor der Flensburger Treppe. Dort schnallten wir uns Gewichte um die Beine und sprinteten die 60 fast 20 Zentimeter hohen Stufen der Treppe ein paarmal rauf und wieder runter, bis unsere Lungen rasselten wie Güterzüge. Dass ich in den ersten Spielen in der U17-Bundesliga gleich gut mithalten und auch direkt meine Tore machen konnte, hing sicher auch mit diesem eisernen Pensum zusammen. Und natürlich mit meiner Ausbildung im Käfig. Um das zu erklären, muss ich ein bisschen weiter ausholen.

Unser Star in der gesamten Nachbarschaft war damals Burak Karan. Er war zwei Jahre älter als ich und der beste Kicker, den ich kannte. Er spielte schon für Bayer Leverkusen und gehörte zum Kader der deutschen Jugendnationalmannschaft. Seine Position war das defensive Mittelfeld, die »Sechs«, er war technisch hervorragend, schnell im Kopf und hatte einen harten Schuss – für uns war klar, dass Burak mal eine große Zukunft im Fußball haben würde. Ich lernte ihn etwa mit 13 Jahren kennen, da nahm er mich auf den beiden Bolzplätzen in unserer Gegend unter seine Fittiche. (Ich habe das dann Jahre später mit den »nächsten« Kleinen genauso versucht. Ich hatte nicht vergessen, wie sehr mir Burak geholfen hatte.)

Obwohl dort eigentlich nur die älteren Jungs spielen durften, zog Burak mich schon früh mit und zeigte mir seine Tricks, ließ mich in seiner Mannschaft gegen die anderen Teams in den »Käfigen« auf der Bandstraße und am Roten Kreuz mitmachen. Wir spielten immer mit den gleichen fünf: Brahim, Ohabi und Youssef, alles Marokkaner, Burak und ich. Das waren heiße Fights, unter lautem Geschrei der Zuschauer, wie in einem Boxring in der Unterwelt. Immer wieder kam es zu Schlägereien zwischen den Teams, aber auch unter den Umstehenden. Da waren Drogendealer unterwegs, die ihren Shit verkauften und die selber kifften, süßer Nebel waberte über dem Spielfeld.

Oft zockten wir um Capri-Sonnen und das legendäre A...schießen – wer verlor, musste den Gewinnern Eis besorgen und sich von ihnen aus nächster Entfernung auf den Hintern schießen lassen. Das war kein Spaß, jedenfalls nicht für die Verlierer. Zudem, und das war das Schlimmste, durfte die siegreiche Mannschaft auf dem Platz bleiben und gegen die nächste Fünfer-Truppe spielen, die Herausforderer. Da auf den Bolzplätzen immer eine Menge los war, konnte es schon mal zwei Stunden dauern, bis man nach einer Niederlage wieder dran war. Die Höchststrafe für uns: am Spielfeldrand warten und den anderen beim Kicken zusehen. Also strengten wir uns übertrieben an, um auf gar keinen Fall zu verlieren. Ich war der Kleinste in Buraks Mannschaft – und wir gewannen die meisten Spiele im Käfig. Das war auch besser so, denn wenn uns ein Spiel zu entgleiten schien, machten Burak und seine Jungs ordentlich Druck. Besser, ich murmelte da keinen Mist zusammen. Mental, aber auch körperlich hat mich diese Zeit im Käfig vermutlich sehr viel weiter gebracht als viele der Trainingseinheiten, die ich auf dem großen Feld absolviert habe.

Zu meinen wichtigsten fußballerischen Fähigkeiten gehört eine ziemliche Robustheit. Ich bin ein harter Spieler und weiche keinem Zweikampf aus – trotzdem war ich bislang in meiner Karriere noch nie ernsthaft verletzt. Ein paar Platzwunden, Prellungen, okay – aber etwas Dramatisches, das mich gezwungen hätte, mehrere Monate mit dem Fußball auszusetzen, war zum Glück noch nicht dabei. Ich glaube, dass ich mir diese Robustheit, diese Zweikampfhärte zu einem großen Teil im Käfig geholt habe. Wer sich ein bisschen auskennt, der weiß: Wenn gute Fußballer auf engem Raum gegeneinander spielen, wird es intensiv und sehr, sehr schnell. Das bildet die Technik aus, aber auch das Antizipationsvermögen. Man lernt schnell, wie man sich in Drucksituationen verhält, wie man in der Hektik und ständigen Belastung trotzdem richtige Entscheidungen trifft und technisch saubere Lösungen findet – und wie man den unguten Zweikämpfen aus dem Weg geht. Wer dieses Stahlbad im Bolzplatz-Käfig über Jahre durchgestanden hat, der ist auch für Fußball auf einem höheren Niveau geeignet.

Wer für meine Meinung noch einen Beleg braucht, dass im Bolzplatz-Käfig gute und vor allem harte Kicker geboren werden, den verweise ich gern auf die Berliner Käfigkicker. Das sind die Jungs um Kevin-Prince Boateng, die in Berlin-Wedding in ihrer Jugend oft im Panke-Käfig gespielt haben. Der war legendär mit seinem Plakat am Zaun: »Kein Bitte. Kein Danke. Panke.« Das trifft es ganz gut.

Interessant ist im Falle der Berliner, dass erstaunlich viele der Jungs, die dort im Käfig gemeinsam miteinander das Kicken gelernt haben, später Profis mit interessanten Karrieren geworden sind. Die beiden Boateng-Brüder natürlich – Kevin bei AC Mailand und dem FC Barcelona, Jérôme bei Manchester City und Bayern München, er wurde 2014 sogar Weltmeister. Vom Käfig im Wedding bis nach Brasilien ins Maracana-Stadion. Krass. Patrick Ebert war dabei, mit dem ich heute gut befreundet bin. Er ist im Laufe der Jahre von Hertha BSC zu Valladolid nach Spanien und nach Russland zu Spartak Moskau gewechselt und spielt inzwischen für Dynamo Dresden gegen mich und Greuther Fürth in der Zweiten Liga. Auch Änis Ben-Hatira gehört dazu, der nun schon für zehn Vereine im bezahlten Fußball gespielt hat und momentan sein Geld in Ungarn bei Honvéd Budapest verdient. Schließlich gehörte noch Ashkan Dejagah zur ständigen Besetzung bei der Wedding-Gang, auch er mit einer beeindruckenden sportlichen Vita: Über Hertha BSC, den VfL Wolfsburg und den FC Fulham landete er nun gegen Ende seiner langen Karriere in seiner iranischen Heimat bei Tractor Sazi Täbris. Spielführer der iranischen Nationalmannschaft ist er übrigens auch noch.

Beeindruckend? Auf jeden Fall. In meinem Fall aber basiert dieser Respekt nicht nur auf Theorie. Ich habe selbst mit den Berlinern im Käfig gespielt: Kevin und Jérôme Boateng, Sami Allagui, George Amartey und ich in einer Truppe, einmal sogar gegen Lukas Podolski, Omar Afkir (meinen heutigen Berater) und ihre Bergheimer Jungs. Legendär. Ohne Burak hätte ich das alles nicht erlebt.

Womit wir wieder bei meinem »väterlichen Freund« wären. Nach seiner Zeit bei der U17 in Leverkusen zählte er zu den Toptalenten in Deutschland, er spielte in der Jugendnationalmannschaft, die ganze Fußballwelt schien ihm offenzustehen. Dann erhielt er das Angebot von Hertha BSC, in Berlin in der U19 zu spielen. Ein gutes Angebot, er nahm an, lernte Kevin-Prince Boateng und dessen Freunde kennen und kickte selbst mit ihnen – nicht nur auf dem Platz, sondern in der wenigen freien Zeit auch noch auf dem Bolzplatz. Straßenfußballer sind einfach so. Ein paarmal im Jahr kam Burak zurück nach Wuppertal und besuchte uns. Manchmal hatte er Kevin-Prince Boateng, Änis Ben-Hatira oder Patrick Ebert im Schlepptau. Verrückte Zeiten.

Die große Karriere, die wir alle Burak Karan vorausgesagt hatten, machte er dann leider doch nicht. Irgendwas muss in Berlin furchtbar schiefgelaufen sein. Er ging nach Hamburg zum HSV und anschließend zu Hannover 96, doch nirgendwo brachte er sein riesiges Potenzial noch einmal auf den Platz. Ich erinnere mich noch, da spielte ich gerade beim Bonner SC, da rief Burak an. Er fragte mich, ob er nicht mal eine Zeit bei uns mittrainieren dürfe, um sich fit zu halten, ob ich da meinen Trainer mal ansprechen könne. Krass. Burak Karan rief *mich* an, seinen Zögling, damit ich ihm einen Platz im Training verschaffte. Ich verstehe es bis heute nicht, warum aus ihm kein Bundesligaspieler wurde – er hatte deutlich mehr Talent als viele, die heute dort spielen. Schon mit 20 Jahren beendete Burak, der ein sehr religiöser Muslim war, seine Karriere und entschloss sich, nach Syrien zu gehen. Er starb dort mit nur 26 Jahren unter bis heute nicht völlig geklärten Umständen. Die Boulevard-Zeitungen machten daraus natürlich eine große Geschichte und schrieben vom »Gotteskrieger«, der sich radikalisiert habe, aber das ist ausgemachter Quatsch. Sein Bruder Mustafa hat das in der Presse auch hinreichend widerlegt: »Burak ist mit seiner Familie an die türkische Grenze gereist, um die Verteilung von Hilfsgütern zu organisieren.« Ich weiß natürlich keine Einzelheiten, aber dass Burak zum sogenannten IS gehören sollte, kann ich nicht glauben. Das passt überhaupt nicht zu ihm. Ich werde ihn immer als meinen »großen Bruder« in Erinnerung behalten, einen echten Freund – und als den besten Fußballer, den ich in meiner Wuppertaler Jugend kennengelernt habe.

Ich weiß nicht, ob ich es ohne ihn und den Drill in den Wuppertaler Bolzplatz-Käfigen in die U17-Bundesliga geschafft hätte. Dass ich dort locker mitspielen konnte, wurde zum Glück schnell klar – mir zumindest. Das war zwar ein höheres Niveau, als ich es bis dahin gewohnt war, aber hier wurde auch nur mit Wasser gekocht. So langsam kam unsere Mannschaft unter Alfonso del Cuetos Regie in die Spur. In Co-Produktion mit meinem Freund »Ere« machte ich nun Tor um Tor, wir gewannen immer mehr Spiele, konnten uns vom Tabellenende absetzen, wurden plötzlich auch von unseren Gegnern ernst genommen.

Am Ende der Hinrunde wurde es dann richtig bizarr: Als einziger Wuppertaler Spieler erhielt ich eine Einladung für die Niederrheinauswahl meines Jahrgangs. Das ist schon für einen normalen U17-Spieler eine Ehre, aber in meinem Fall war es eine Sensation. Vor einem halben Jahr hatte ich noch bei FK Jugoslavija gegen Dönberg und den SC Uellendahl gespielt, nun zählte ich plötzlich ganz offiziell zu den besten Jugendspielern der gesamten Region. Mein Eindruck, dass ich mich in meinen ersten Spielen ganz gut geschlagen hatte, war also definitiv richtig gewesen – und ich hatte diesen Eindruck auch nicht exklusiv. Bei den Lehrgängen der Auswahl habe ich mich dann offensichtlich auch nicht so schlecht angestellt, denn ich wurde in den Kader für den jährlichen Länderpokal in der Sportschule Wedau in Duisburg berufen. Dort treffen die Auswahlmannschaften aller deutschen Bundesländer aufeinander. Sportlich interessant, aber auch ein ganz wichtiges Event für die Scouts aller Profivereine. Bei diesem Turnier zu spielen, das war, als ob man sich mitten auf einen großen Präsentierteller setzt. Ich wusste: Wenn ich bei diesem Länderpokal überzeugen würde, könnte ich meinen Namen in die Notizbücher von so manchem Bundesligisten schreiben.

Wir spielten guten Fußball, auch wenn wir das Turnier nicht gewannen. Es wurde, wenn ich mich richtig erinnere, ein dritter Platz. Ganz sicher aber weiß ich, dass ich die meisten Tore im gesamten Turnier schoss. Ich hatte einen Lauf. Meine Mannschaftskameraden in der Niederrheinauswahl hatten schon damit begonnen, mich systematisch mürbe zu machen: »Du musst zu uns kommen, du musst zu uns kommen …« Da außer mir alle für Bundesligavereine spielten, war das in jedem Fall ein Kompliment. Doch noch hielt ich mich mit Hoffnungen und Versprechungen zurück. Mir war klar, dass ich nach der Saison auf jeden Fall zu einem großen Verein wechseln wollte, aber ich hatte nicht vor, mich schon zu diesem Zeitpunkt der Saison zu entscheiden. Solange ich so gut in Form war wie bei dem Turnier in Duisburg, spielte die Zeit ohnehin für mich.

Ich dachte, dass es eigentlich nicht noch besser laufen konnte, doch schon drei Tage später lernte ich: Stimmt nicht, eine Steigerung ist immer noch drin … Wir spielten gegen Borussia Mönchengladbach, ein Heimspiel bei uns an der Nevigeser Straße. Ein Abendspiel, Flutlicht. Ich begrüßte meine Gegenspieler, von denen ich viele schon aus der Niederrheinauswahl kannte. Ihr Trainer war Ulrich Sude, der früher einmal bei Borussia Mönchengladbach im Tor gestanden hatte. Der Mann hat sich vermutlich an diesem Abend in Wuppertal die Augen gerieben. Der kleine WSV spielte den Nachwuchs der Borussia an die Wand, obwohl dort namhafte Spieler wie Marco Marin die Musik machten. Es war mein bestes Spiel der Saison. Ich erzielte zwei Tore, einen Kopfball auf Vorlage von »Ere«, einen

Freistoß zimmerte ich direkt rein. Unseren dritten Treffer von »Ere« bereitete ich vor. Mehr ging einfach nicht. Am nächsten Tag klingelte mein Telefon. »Hier Sude von Borussia Mönchengladbach, haben Sie eine Minute Zeit?«

Okay. Jetzt war es so weit. Scheint so, als wäre ich im Geschäft.

Henajatullah Azizadah
»Er war ein Idol für uns.«

Henajatullah Azizadah, 25, kennt
Daniel Keita-Ruel noch vom Bolzplatz
in seiner Heimatstadt Wuppertal.
Damals hat sich Daniel um die »Kleinen«
gekümmert – nicht nur fußballerisch.

Keita ist bei uns in der Gegend aufgewachsen, er hat mit seiner Mama in der Neuen Friedrichstraße in Wuppertal gelebt, als ich ihn kennenlernte. Ganz in der Nähe gab es die beiden Bolzplätze, die sogenannten »Käfige«, den in der Bandstraße und den am Roten Kreuz, da haben wir Keita jeden Tag Fußball spielen sehen. Er war damals schon beim Wuppertaler SV, immerhin der größte Verein in der Stadt. Während Keita mit seinen Freunden spielte, standen wir meistens nur still am Rand und schauten den Großen ehrfürchtig zu. Wir durften nicht mitspielen, die meisten von Keitas Freunden haben uns überhaupt nicht beachtet. Wir konnten froh sein, wenn wir nicht sofort weggescheucht wurden. Keita aber verhielt sich anders: Er war von Anfang an freundlich zu uns und hat uns auch immer wieder mal eingeladen, mitzuspielen. Das war natürlich sensationell für uns. Er war ja damals schon ein super Kicker und hat uns immer seine ganzen Tricks gezeigt. Aber nicht so angebermäßig und abgehoben, er war immer freundlich dabei und hat sich wirklich bemüht, dass wir dabei was lernen. Ich würde sogar sagen, dass Keita mir und vielen meiner Freunde das Fußballspielen erst so richtig beigebracht hat. Wir haben das natürlich geliebt, dass sich so ein guter Kicker wie Keita immer die Zeit genommen hat, mit uns abzuhängen. Manchmal schnappte er sich ein paar von uns Kleinen und spielte mit uns zusammen gegen die Älteren, damit wir mal sehen konnten, wie man's richtig macht.

Als Keita dann mit 17 zu Gladbach ging, war das natürlich der Knüller und gleichzeitig auch eine riesige Motivation für uns. Wir sagten uns, okay, wir können es also auch schaffen, Fußballer zu werden – selbst einer vom Wuppertaler Bolzplatz ist dazu in der Lage, wenn er es wirklich will. Das heißt nicht, dass wir uns plötzlich alle für Maradonas oder Messis hielten, nein. Eher, dass wir gesehen haben, dass sich ein so großer Verein wie Borussia Mönchengladbach nicht zu schade ist, auch einen von uns zu nehmen, wenn er diszipliniert dafür arbeitet.

Wir bewunderten Keita natürlich jetzt umso mehr, wo er bei einem Bundesligaverein spielte, wenn auch zunächst nur in der Jugend. Aber für uns machte das ohnehin keinen großen Unterschied. Wir dachten, dass es nur eine Frage der Zeit wäre, wann er auch bei den Profis eingesetzt werden würde. Und er dachte das wohl auch, so selbstbewusst war er immer. Das Coolste war in dieser Zeit, wenn er mit dem Mannschaftsbus von Mönchengladbach abgeholt wurde. Wir haben immer darauf gewartet, dass der Bus kam, und sind ihm dann so lange hinterhergelaufen, bis er nicht mehr zu sehen war. Das war das Größte für uns – so ein bisschen, als ob wir selbst zum Training in Gladbach abgeholt würden. Keita hat uns auch immer wieder Trikots, Trainingsanzüge oder Polo-Shirts aus Mönchengladbach mitgebracht, mir persönlich hat er sogar gelegentlich Fußballschuhe geschenkt. Ich komme ja aus einer Familie, die nicht so begütert war, um es mal so auszudrücken. Die Kosten für Fußballschuhe waren da nicht im Budget. Und da hat Keita immer an mich gedacht. Aber nicht nur an mich. Es gab einen Tag, da hat er seine eigenen Fußballschuhe ausgezogen und einem von uns geschenkt – und ist dann auf Socken nach

Hause gegangen. Sein Zeugwart in Mönchengladbach muss an ihm verzweifeln sein …

Als sich das Gerücht in Wuppertal verbreitete, dass Keita an irgendwelchen kriminellen Geschäften beteiligt gewesen sein soll, habe ich das zuerst überhaupt nicht glauben wollen. Ich hätte mir das nie vorstellen können, denn Keita war gar nicht der Typ, der sich viel aus Geld machte, überhaupt nicht, eher im Gegenteil. Ich habe dann seine Schwester Myriam gefragt, die auf meiner Schule war, was an diesen Gerüchten dran war. Als sie mir sagte, dass die wohl leider stimmen würden, war ich total geschockt. Erst als ich später während seiner Gerichtsverhandlung alle Einzelheiten erfuhr, habe ich es wirklich geglaubt, dass er an den Überfällen beteiligt war, vorher wollte ich das einfach nicht wahrhaben. Aber ich habe auch in dieser Zeit keine Sekunde darüber nachgedacht, ihn dafür zu verurteilen oder als Freund fallen zu lassen, nie. So wie er immer für mich da gewesen ist, so war ich dann in seiner Zeit im Gefängnis auch für ihn da. Als ich ihn dort das erste Mal besucht habe, kam er rein und hatte wieder das gleiche Lächeln wie immer auf dem Gesicht, diese positive Energie, die immer von ihm ausging. Und er versuchte eher mich zu beruhigen als umgekehrt: »Mir geht es gut hier, mach dir keinen Kopf, ich pack das, ich komm hier irgendwann stärker wieder raus!«

Jeder Mensch macht mal Fehler, in seinem Fall hat ihn das ein paar Jahre seines Lebens gekostet. Aber das verändert meine Einstellung zu ihm nicht. Dazu hat er mir zu viel gegeben. Das erinnert mich an einen Spruch von Keita, den er uns früher schon immer auf dem Bolzplatz eingebläut hat und den ich heute noch als Bildschirmschoner bei mir auf dem Laptop habe: »Never forget where you come from and never give up!« Ich glaube, das hat er sich sogar selbst tätowieren lassen. Da kann man jeden bei uns in der Gegend fragen, da wissen alle Bescheid: Dieser Spruch, das ist 100 Prozent Keita.

TRÄUME IM STADION

Eine Niederlage wie ein Triumph – und der Vertrag für eine glorreiche Zukunft.

Es gibt nicht viele, die sich an das Bundesligaspiel Borussia Mönchengladbach gegen Bayer Leverkusen am 28. Oktober 2006 erinnern werden. An den recht schwachen Heimauftritt der Borussia, die nach Toren von Babić und Woronin mit 2:0 verlor, dürften nicht mal viele der 51 000 Zuschauer gern zurückdenken, die persönlich im Stadion waren. Abgesehen vielleicht von ein paar Leverkusener Fans und Sergej Barbarez, den der *Kicker* zum Spieler des Spiels wählte. Für mich gilt das allerdings nicht, denn ich werde mich an diesen speziellen Tag stets mit einem fetten Grinsen im Gesicht erinnern. Er gehört zu den Top Ten meiner Lieblingsfilme im Kopf, denn an diesem Tag erhielt ich zum ersten Mal eine Vorstellung davon, wie sich »Profifußballer sein« in der Realität anfühlt. Nicht dass ich selbst gespielt hätte, nein – Borussia Mönchengladbach hatte mich eingeladen, ein Bundesligaspiel zu besuchen und bei dieser Gelegenheit einen prüfenden Blick in das Jugendleistungszentrum des Vereins zu werfen. Ich reiste mit meiner Mutter an und wurde von Uli Sude empfangen. Er war hier in 128 Bundesligaspielen für die Borussia im Tor gestanden. Ein paar Tage nachdem ich mit meiner Mannschaft die U17 von Mönchengladbach mit 3:0 abgeschossen hatte, nahm er meine Mutter und mich am Stadion in Empfang, führte uns in eine VIP-Loge, wo wir uns das Spiel anschauten, und sorgte dafür, dass wir gut verpflegt wurden. Nebenbei bauten wir an den Luftschlössern meiner Zukunft. Von einem kompetenten Exprofi zu hören, dass der eigene Traum von der Fußballerkarriere gar nicht so unrealistisch sei, war vielleicht der schönste Teil dieses denkwürdigen Tages.

Viele Details weiß ich nicht mehr, weil mir vor Aufregung die Ohren klingelten, aber es war klar, dass die Gladbacher mich an diesem Tag so richtig anfixten. Sie zeigten einem kleinen Wuppertaler Jungen mal kurz die schillernde Welt des Bundesligafußballs und der war entsprechend beeindruckt. Das Stadion allein, die Umkleidekabinen, die Plätze des Jugendleistungszentrums – das war krasser als alles, was ich bis dahin gesehen hatte. Und dann noch dieser Satz: »Wenn du hart arbeitest, kannst du hier eines Tages selbst spielen, das Talent dazu hast du!« Ich weiß nicht, ob Uli Sude das allen möglichen Neuzugängen sagte, um sie ein wenig zu umschmeicheln, aber das glaube ich nicht, denn ich habe ihn als fairen und freundlichen, stets korrekten Menschen kennengelernt. Er sah wirklich etwas in mir, das spürte ich – und ich hatte auch in den kommenden Jahren immer das Gefühl einer besonderen Verbundenheit zu meinem Trainer. Auch wenn er mich am Ende ohne Vertrag weggeschickt hat.

Aber zu dieser Geschichte und zu den Gründen dafür kommen wir später.

An diesem 28. Oktober in Mönchengladbach durfte ich nach dem Spiel noch einen Blick in den Kabinentrakt werfen. Dort standen plötzlich Leute vor mir, die ich sonst nur aus dem Fernsehen kannte. Spieler wie Neuville, Compper oder Insúa im schwarz-weiß-grünen Trikot der Borussia, bei den Leverkusenern – die in dieser Saison eine deutlich bessere Rolle spielten als Gladbach – waren das bekannte Namen wie Hans Jörg Butt, Simon Rolfes, Bernd Schneider oder Tranquillo Barnetta. Und auch der Trainer der Gladbacher war schon damals eine Legende: Jupp Heynckes. Ich hätte alles dafür gegeben, eines Tages mit solchen Leuten in einer Mannschaft zu sein.

Viel Überzeugungsarbeit musste Uli Sude nach den Eindrücken dieses Tages nicht mehr leisten. Ich hatte mich in die Borussia verliebt, auch wenn die Profis auf dem Platz an diesem Tag keine gute Figur gemacht hatten. Das verkündete ich auf dem Heimweg meiner Mutter. Mein Entschluss stand fest, ohne dass ich die Angebote von Schalke, Bochum oder Düsseldorf noch einmal ernsthaft geprüft hätte. Einige Wochen später fuhr ich erneut nach Mönchengladbach. Diesmal traf ich Max Eberl. Der war zu dieser Zeit Jugenddirektor in Mönchengladbach, er war dafür zuständig, mit mir die Details meines ersten Vertrags abzustimmen. Alles lief bestens, am Ende wurde es eine Vereinbarung über zwei Jahre mit der Option, im Anschluss daran einen Kontrakt für die U23 oder, wenn es perfekt läuft, sogar bei den Profis zu unterschreiben. Im ersten Jahr sollte ich pro Monat 600 Euro, im zweiten 700 Euro erhalten. Peanuts im Profi-Kontext von heute. Für einen Siebzehnjährigen, der noch zu Hause wohnte, war das allerdings gar nicht schlecht. Ich glaube, ich wäre aber auch schon für einen Sack Kartoffeln und ein paar Tüten Capri-Sonne zu Mönchengladbach gewechselt – Geld spielte für mich überhaupt keine Rolle. Ich war einfach stolz, dass ich es bis zu solch einem großen Verein geschafft hatte. In den ersten Tagen nach der Unterzeichnung des Vertrages schwebte ich einen Meter über dem Boden. Defensiv geschätzt.

Der erste Tag, den ich dann tatsächlich als Spieler bei Borussia Mönchengladbach verbrachte, war ähnlich spektakulär. Schon als mich Herr Roman vom Fahrdienst abholte, dachte ich, ich sei im falschen Film: Krass, Borussia Mönchengladbach holt mich zu Hause ab, damit ich zum Kicken vorbeischaue. (Herr Roman nannte mich in den beiden Jahren, die wir beinahe täglich miteinander von Wuppertal nach Mönchengladbach und zurück verbrachten, konsequent nur »Playboy«. Warum, das blieb sein Geheimnis …)

Neben mir waren noch zwei, drei andere neue Spieler für die nächste Saison am Start; jetzt wurden wir erst einmal mit

Borussia-Klamotten eingekleidet. Ich bin ungelogen mit zwei riesigen Säcken aus einer Art Ankleidezimmer rausgekommen, die ich kaum schleppen konnte. Trainingssachen, Fußballschuhe, alles, was man auf dem Fußballplatz und drumherum so brauchte. Als ich die ganzen Trikots und Trainingsanzüge mit dem Borussia-Branding in der Hand hielt, war ich übertrieben stolz. Nun konnte es jeder sehen: Ich war ein Spieler von Borussia Mönchengladbach, ich gehörte dazu. Ein überwältigendes Gefühl.

Allerdings sollte dieses ungetrübte Hochgefühl nicht länger als ein paar Tage anhalten. Ich spürte in Mönchengladbach schnell, dass hier nicht nur oberflächlich auf den Putz gehauen wurde. Auch auf dem Platz unterschied sich das Niveau deutlich von allem, was ich bislang in meiner Laufbahn erlebt hatte. Die Jungs, mit denen ich nun zusammenspielte, konnten ausnahmslos alle so richtig kicken. Einige agierten in ihrer eigenen Liga. Vor allem so ein kleiner Blonder spielte unseren Verteidigern Knoten in die Beine. Man raunte mir zu, dass das der gehypteste Nachwuchskicker von uns allen war: Wir reden hier von Marko Marin, der später bei der Borussia Profi wurde. Der Anfang einer turbulenten Karriere: Durch seine guten Leistungen bei Werder Bremen, seiner zweiten Station im Profifußball, erhielt er einen fürstlich dotierten Vertrag bei Chelsea London und spielte im Laufe seiner Karriere noch für den FC Sevilla, den SC Florenz, RSC Anderlecht und Trabzonspor. Momentan steht er bei Roter Stern Belgrad unter Vertrag und spielt immer noch Champions League. Ach ja – in die deutsche Nationalmannschaft hat er es auch geschafft, 16-mal. Hammer.

Das war damals alles noch nicht abzusehen, klar, doch Respekt hatte ich auch so. Für mich sah es so aus, dass da ein paar wirklich galaktische Jungs in meiner Truppe spielten. Ich ahnte: Ich würde arbeiten, arbeiten, arbeiten müssen, um auf diesem Niveau bestehen zu können. Aber zum Glück fürchtete ich mich vor harter Arbeit nicht. (Höchstens vielleicht, wenn es um Hausaufgaben ging.) Ich war fest entschlossen, mich durchzubeißen und darauf zu hören, was mir mein neuer Trainer Uli Sude wie ein Mantra predigte: »Schreib dir auf einen Zettel ICH WILL PROFI WERDEN und klebe den an deinen Spiegel, steck ihn in die Sporttasche, häng ihn an deinen Schrank. Aber vergiss diesen Satz nicht eine Minute am Tag, denn das ist das Ziel, für das du hier arbeitest. Daneben zählt nichts, überhaupt nichts. Und du wirst hart arbeiten müssen, um auch nur in die Nähe dieses Ziels zu kommen.«

Ich habe diesen Rat befolgt. Leider nicht während meiner Zeit in Mönchengladbach. Erst als ich später in Wuppertal und in Düsseldorf im Gefängnis saß und sehr viel Zeit hatte, über meine Fehler in der Vergangenheit nachzudenken, habe ich wieder an Uli Sudes Worte gedacht. In der Zelle habe ich dann erst wirklich damit begonnen, diese Zettel überall aufzuhängen. ICH WILL PROFI WERDEN. Meine Wärter haben erst gelacht und den Kopf geschüttelt, aber nach ein paar Wochen hörten sie damit auf. Sie beobachteten mich und erkannten: Ich hatte verstanden. Wenn auch ein bisschen zu spät …

Ulrich Sude
»Ich war ja fast in der Papa-Rolle.«

Ulrich »Uli« Sude war lange Jahre Torhüter bei Borussia Mönchengladbach und später als Jugendtrainer der Borussia dafür verantwortlich, dass Daniel Keita-Ruel vom Wuppertaler SV zu Mönchengladbach wechselte.

Ich kann mich noch an das erste Spiel erinnern, das ich von Daniel sah. Er erzielte zwei Tore gegen meine Mannschaft, wir verloren als Favorit in Wuppertal mit 3:0. Doch nicht die Tore waren es, die mich gleich für ihn begeisterten: Daniel spielte mit so einer Hingabe, mit solch einer Intensität, das war beeindruckend. Er warf sich mit allem, was er hatte, in den Kampf. Klar, er war auch ungemein kopfballstark, sein Abschluss erstaunlich effektiv für sein Alter. Aber die Intensität seines Spiels war es, die meine Restzweifel beseitigte: Solch einen Mann wollten wir unbedingt haben.

Ich traf mich also mit ihm und seiner Mutter, um ihm von unseren Plänen zu erzählen. Auch diese Begegnung ist mir aus zwei Gründen immer noch präsent. Zum einen waren da diese liebenswerten Augen, mit denen Daniel mich anstrahlte. Ich übertreibe nicht, wenn ich sage: Mir ging da ein wenig das Herz auf. Zumal auch seine Mutter, die unbedingt noch ein Vieraugengespräch mit mir führen wollte, unglaublich sympathisch war und mich bat, mich gut um ihren Sohn zu kümmern.

Ich bin ein Trainer, der versucht, nicht nur Kopf und Körper der Jungs zu drillen, sondern ihnen auch gewisse Werte zu ver-

mitteln, die über das Sportliche hinausgehen. Bei mir sollen sich die jungen Spieler aufgehoben und sicher fühlen. Ihr Leben ist schließlich schon kompliziert genug, gerade in der Zeit zwischen 16 und 22 entscheidet sich, ob sie die Kurve zum Profi-Fußball schaffen. Das macht Druck – und ich versuche, so gut es geht, den Jungs diesen Druck zu nehmen. Zu Daniel hatte ich von Anfang an ein ganz besonderes Verhältnis, auch weil seine Mutter mich so eindringlich gebeten hatte, mich gut um ihn zu kümmern. Übertrieben gesagt: ich hatte schon ein bisschen so eine Art Papa-Rolle für ihn übernommen.

Ob er immer so konzentriert an seinem Ziel gearbeitet hat, wie das notwendig gewesen wäre, und ob er nicht doch hin und wieder über die Stränge geschlagen hat, wie es heißt? Ich kann das nur schwer beurteilen. Daniel hat sich alles im Leben immer hart erarbeiten müssen, ihm ist nichts in den Schoß gefallen. Und so habe ich ihn auch in der täglichen Trainingsarbeit wahrgenommen. Er hat oft Sonderschichten geschoben, hat an seinen Schwächen gearbeitet, war willig und hat zugehört: An seiner Einstellung war nie etwas auszusetzen. Was er außerhalb des Platzes gemacht hat und ob er sich da schon häufiger schlechtem Einfluss ausgesetzt hat, kann ich nicht beurteilen. Dass er im Anschluss an die beiden Spielzeiten bei der Borussia keinen Profivertrag bekommen hat, hing – meiner Erinnerung nach – nur am Rande mit solch disziplinarischen Dingen zusammen. Man muss dazu wissen, dass die Messlatte für einen Vertrag damals bei uns schon sehr, sehr hoch war. Da musste wirklich alles passen. Und Daniel war zwar gut, aber damals noch nicht sehr gut. Dass er sich einmal zu einem Topstürmer der Zweiten Liga entwickeln würde, wie er das jetzt zweifellos ist, war da noch nicht abzusehen. Vielleicht fehlte uns damals auch noch die Fantasie, einen Erstligaspieler in ihm zu sehen. Was nach der Gladbacher Zeit in seinem Leben geschah, habe ich nicht mehr so detailliert miterlebt, aber er muss wohl in schlechte Gesellschaft gekommen sein. Anders kann ich mir seine Geschichte nicht erklären. Und dass er es nach den Jahren im Gefängnis geschafft hat, daraus wieder so stark zurückzukommen und sich ein Fitness-Level zu erarbeiten, das er vorher so sicher noch nie hatte – das nötigt mir den größten Respekt ab. Ich glaube auch, dass allein schon die enge Beziehung zu seiner Mutter dafür sorgen wird, dass er die Fehler seiner Vergangenheit nicht wiederholen wird.

LA DOLCE VITA

7

Ein schwieriges erstes Jahr. Ein verbummeltes zweites Jahr. Ein Zitat, das mir auch heute noch folgt.

Ein Fallbeil mit 42 Buchstaben: »Mit den Beinen Bundesliga, mit dem Kopf Kreisklasse.« So lautete der Originalton von Max Eberl über mich, heute Manager der Profis in Gladbach, in jener Zeit noch zuständig für Jugend und Amateure und offenbar nicht mein größter Fan. Natürlich war ich gekränkt damals, sicher auch wütend und verletzt, als ich mit diesen nicht ganz freundlichen Worten aus Mönchengladbach verabschiedet wurde. Doch zwei Jahre später erkannte ich im Rahmen meiner erzwungenen Kur hinter Gittern, dass Max Eberl und Uli Sude gar nichts anderes übrig geblieben war, als mir einen Vertrag für die Profimannschaft von Borussia Mönchengladbach zu verweigern. Nicht mal die Übernahme in die U23-Truppe kam für mich noch infrage. Ich wurde gleich ganz weggeschickt, vom Hof gejagt, rausgeworfen. Was war passiert? Wie konnte es sein, dass ich mich trotz bester Voraussetzungen und der persönlichen Unterstützung meines Trainers so schnell ins sportliche Abseits manövriert hatte? Konnte ich plötzlich nicht mehr kicken? Waren die anderen so viel besser als ich? War ich dem Leistungssport mental nicht gewachsen? Nichts von alldem trifft zu. Die einzig richtige Antwort lautet: Ich hatte gedanklich den zweiten Schritt vor dem ersten gemacht. Ich fühlte mich von dem Moment an, in dem ich bei Borussia Mönchengladbach auf dem Rasen stand, nicht mehr wie ein hoffnungsvoller Jugendspieler, wie ein hungriges Talent, nein: Ich hielt mich bereits für einen richtigen Profi, angekommen im Reich meiner großen Träume, zufrieden, stolz und bereit, das süße Leben des Profis in all seinen Facetten und nach Kräften auszukosten. Irgendjemand Schlaues hat mal etwas gesagt, von dem ich heute felsenfest überzeugt bin, an das ich aber in meiner Gladbacher Zeit offenbar noch nicht glaubte: »Wer aufhört, besser sein zu wollen, hat aufgehört, gut zu sein.« Genau das war mein Problem.

Mein erstes Jahr bei Borussia Mönchengladbach verlief sportlich eher unspektakulär. Ich war sogenannter »jüngerer Jahrgang« in der U19. Das heißt, dass die meisten Spieler meiner Mannschaft ein Jahr älter und körperlich schon weiter in ihrer Entwicklung waren – in diesem Alter können ein paar Monate noch einen echten Unterschied machen. Für die Startelf kam ich in Meisterschaftsspielen noch nicht infrage, was aber niemanden sonderlich beunruhigte – das sei, so bestätigte man mir, auch nicht gleich erwartet worden. Meine Zeit würde schon noch kommen. Spätestens im zweiten Jahr. Abgesehen davon, dass ich nur in Freundschaftsspielen zum Einsatz kam, gefiel mir alles an meinem neuen Status als Jungprofi bei Borussia Mönchengladbach. Ich trainierte jeden Tag, manchmal sogar zweimal, was selbst dann noch Spaß machte, wenn wir im Training mal an unsere konditionellen Grenzen geführt wurden. Aber das war ja noch nie mein Problem gewesen, quälen konnte ich mich immer gut. Zudem durfte ich für meinen Sport die Schule offiziell vernachlässigen. Für mich fühlte sich das an wie ein Gang über den roten Teppich bei den Oscars, wenn ich mit einem Schreiben des Vereins zu meinem Lehrer nach vorne gehen konnte, vorbei an meinen Mitschülern, denen jetzt noch ein paar Stunden Mathe oder Englisch bevorstanden. In meinem Schrieb stand dann so etwas wie: »Wir bitten Sie, Daniel Keita-Ruel für drei Stunden vom Unterricht zu befreien, weil er schon um 13 Uhr mit seiner Mannschaft zu einem Spiel der

Junioren-Bundesliga nach Dortmund fahren muss« und ich habe nicht *einmal* erlebt, dass sich ein Lehrer solch einem Antrag widersetzt hätte. Ich wurde recht häufig von der Schule befreit. Und wenn gerade kein Spiel anstand, dann befreite ich mich auch schon mal selbst. So wie an dem Tag, als ich meinen Freund Ere extra aus Düsseldorf abholte, um mich mit ihm auf das Trainingsgelände in Mönchengladbach zu schleichen. Wir wollten ein bisschen zocken, aber es ging mir natürlich auch darum, ihm mein neues abgefahrenes Leben live und in Farbe vorzuführen. (So etwas Ähnliches hatte Bastian Schweinsteiger 2002 auch mal als Jungprofi beim FC Bayern gebracht. Im Gegensatz zu uns wollte er aber nicht wirklich trainieren, sondern seiner »Cousine« den Swimmingpool im Trainingszentrum vorführen ...)

Aktionen wie diese häuften sich bei mir. Ebenfalls nicht so prickelnd war der Umstand, dass sich in letzter Zeit auch die Mädchen übertrieben für mich interessierten. Na ja, was heißt für mich. Es war mehr der siebzehnjährige Nachwuchskicker, der ja wohl recht bald in der Bundesliga spielen würde, der sie interessierte. Ich müsste mich dann ja bekanntlich nur noch zwischen Lamborghini, Porsche oder Ferrari entscheiden – und einer entsprechend fotogenen Beifahrerin. Das war natürlich großer Käse, aber ich war ein kleiner, verträumter Junge – klar war das alles verführerisch, klar lenkte einen das vom Wesentlichen ab. Aber wer hätte da ständig widerstehen können?

Ich übertreibe? Sicher tue ich das. Aber es war einfach verdammt schwer, mit siebzehn, achtzehn Jahren mit beiden Beinen auf dem Boden zu bleiben, wenn man den Eindruck gewonnen hatte, dass einem die Welt bereits zu Füßen lag. Ich verlor so langsam meinen Fokus, ein schleichender, selbst für mich erst im Rückblick sichtbarer Prozess. Ich wüsste heute gar nicht mehr so genau, wann und womit dieser Niedergang einsetzte. Aber nach dem ersten Jahr bei der U19 von Borussia Mönchengladbach war ich meinem Traum, einen Profivertrag zu bekommen, keinen Schritt näher gekommen. Näher gekommen war ich stattdessen den Bars und Diskotheken in Düsseldorf und Umgebung. Die Szene-Disco *Nachtflug* am Kölner Hohenzollernring, das *Checkers* an der Düsseldorfer Kö, der *Soundgarten* in Dortmund – das waren alles gute Adressen für Leute, die am Wochenende mal ordentlich auf die Kacke hauen wollten. Keine guten Adressen waren das für Nachwuchskicker mit der ernsthaften Absicht, Fußballprofi zu werden. Ich wurde Stammgast in diesen Läden und war stolz darauf. Ich trank immer noch selten Alkohol, ich ging nicht jeden Abend feiern. Nicht mal an jedem Wochenende, ich will da nicht übertreiben. Aber meine bisherige »Straight Edge«-Strategie – kein Alkohol, keine Zigaretten, keine Partys – weichte mit der Zeit immer weiter auf. Im Nachhinein würde ich sagen: Beschissener hätte mein Timing nicht sein können.

Sicher, es gibt auch Höhepunkte aus dieser Zeit, an die ich mich auch heute noch mit Freude erinnere. Ein toll besetztes, mehrtägiges Osterturnier in Bellinzona in der Schweiz zum Beispiel, wo wir mit Borussia Mönchengladbach gegen Mannschaften aus der ganzen Welt spielten. Wir wurden zwar nur Siebter von acht Mannschaften, aber es war schon beeindruckend, auf welchem Niveau da Fußball gespielt wurde. Sieger wurde am Ende die brasilianische Truppe von SE Palmeiras, die damals schon Fußball aus einer anderen Welt spielte – so kam es uns jedenfalls vor. Auch der FC Barcelona oder Tottenham Hotspur spielten einen anständigen Ball. Beim Schweizer Vertreter FC Basel fielen vor allem die späteren Nationalspieler Eren Derdiyok und Valentin Stocker auf – neben ihrem großartigen Torhüter natürlich: Yann Sommer ist heute noch Schweizer Nationalkeeper und steht bei Borussia Mönchengladbach in der Bundesliga im Tor. Das hätte er im April 2007 vermutlich auch noch nicht gedacht, als er in der Schweizer Provinz gegen die U19 seines späteren Arbeitgebers kickte.

Turniere wie dieses in der Schweiz zeigten mir einerseits, wie weit der Weg zum Profi noch sein würde, denn was da einige Spieler im Repertoire hatten, nötigte mir höchsten Respekt ab. Andererseits bewies mir so ein Erlebnis aber auch, dass ich mich in meiner Altersklasse bereits auf allerhöchstem Niveau bewegte. Das Runde musste jetzt nur noch so oft wie möglich ins Eckige, dann würde das schon klappen mit einem Profivertrag, dachte ich. Leider traf ich dann nicht mehr allzu häufig ins gegnerische Tor, sondern eine Menge falscher Entscheidungen.

Einmal in meiner gesamten Mönchengladbacher Zeit durfte ich mit den Profis trainieren. Ein Highlight für mich. Wie es dazu gekommen war, weiß ich gar nicht mehr. Vermutlich waren bei den Profis viele Stürmer verletzt oder gesperrt, sodass ich »oben« aushelfen musste. Mit den Profis spielte ich ansonsten nur in der sogenannten Nachwuchsrunde zusammen, in der man die lange verletzten oder nicht zum Zuge gekommenen Spieler mit vielversprechenden Junioren und Amateuren in ein Team steckte und gegen einen anderen Bundesligisten in ähnlicher Besetzung spielen ließ. Sozusagen die Simulation des Ernstfalls. Diese Spiele waren schon ein klein wenig alltäglich geworden, ich mochte sie allein schon deshalb, weil man den Großen auf diese Weise einmal auf Augenhöhe begegnete und abschätzen konnte, wie weit man selbst schon war. (Oder wie weit entfernt, je nachdem …)

Ein exklusives Training mit allen Stammspielern aber war noch einmal etwas ganz anderes. Jupp Heynckes war damals Cheftrainer des Vereins, ich bin nicht sicher, ob er an diesem Tag überhaupt mit mir gesprochen hat. Wahrgenommen hat er mich auf jeden Fall, und das ist mir heute noch ein wenig unangenehm: Irgendwann wurde ich beim Abschlussspiel auf der linken Seite fast an der Grundlinie frei angespielt und hätte den Ball nun ohne große Anstrengungen vors Tor flanken können. Ich weiß nicht, was mich geritten hat, aber ich fühlte mich wohl aufgefordert, aus dieser Situation etwas ganz Besonderes zu machen. Also servierte ich den Ball zwar tatsächlich vors Tor, allerdings mittels eines Kunstschusses mit dem rechten Fuß, den ich um mein linkes Standbein herum schleudern ließ. Der sogenannte Rabona-Trick. Das war einerseits ein technisch ganz nettes Kabinettstückchen, andererseits aber in diesem Kontext völlig unangebracht. Diese Aktion hat sicher nicht dazu geführt, dass ich es danach auf den Zettel von Jupp Heynckes schaffte, auf dem der seine vielversprechendsten Nachwuchsspieler notierte, sie zeigt aber ganz gut, wie ich damals tickte. An Selbstbewusstsein mangelte es mir jedenfalls nicht.

Dass ich nicht regelmäßig mit den Profis trainierte, hieß allerdings nicht, dass ich überhaupt keinen Kontakt zu ihnen hatte … Den gab es durchaus. Von einigen der berühmten Lizenzspieler wurde ich nicht nur wahrgenommen – ich hing sogar regelmäßig mit ihnen ab. Allerdings nicht, weil ich so gut kicken konnte. Da muss ich ein wenig ausholen … In der Zeit bei der Borussia verpflichtete ich meinen ersten Berater. Sein Name war Alexander Schütt, er war damals auch der Berater von Miro Klose und eine große Nummer in dem Geschäft. Neben mir waren noch fünf andere Spieler meiner Mannschaft bei ihm unter Vertrag. Er redete viel mit uns über unsere Entwicklung, schaute sich die Spiele an, gab uns regelmäßig Feedback und ließ uns auch von anderen Mannschaften beobachten, damit unsere Namen in der Branche Stück für Stück bekannter wurden. Ich hatte ein gutes Gefühl und unterzeichnete einen Jahresvertrag. Ich weiß noch, dass er damals kein Geld mit mir verdiente, ich – und auch die anderen vier Nachwuchsspieler – waren wohl eher seine Investition in die Zukunft. Mich allerdings flashte mein Berater auch schon in der Gegenwart: Gleich zum Einstand unserer Beziehung wedelte er mit einem Ausrüstervertrag bei Nike. Das war natürlich krass. Ich konnte mir zukünftig bei Nike bestellen, was immer ich brauchte – und auch was ich nicht brauchte. Ich hatte dort sogar einen eigenen Ansprechpartner. Völlig irre. Ich habe das am Anfang relativ häufig in Anspruch genommen, weil ich die jüngeren Spieler vom Bolzplatz regelmäßig mit meinen Sportsachen versorgte – da waren ja Jungs dabei, für die Fußballschuhe und Trikots noch nicht mal zu Weihnachten drin waren. Auch wenn mir das heute im Nachhinein noch immer nicht wirklich peinlich ist, weil ich halt ein großzügiger Mensch bin und die Jungs die Klamotten wirklich brauchen konnten, weiß ich schon, dass ich damals ein bisschen zu heftig auf dicke Hose gemacht habe. Aber ich dachte halt: Okay, du wirst behandelt wie ein Profi, also verhältst du dich auch so. Ein krass großzügiger Lebensstil gehörte dazu. Dass ich gleichzeitig in meinem ersten Mönchengladbacher Jahr nicht mal Stammspieler in der U19 war, trübte meine optimistische Selbstwahrnehmung nicht im Geringsten.

Nach einem Jahr setzte ich meinen Berater vor die Tür. Nicht, weil er schlechte Arbeit geleistet hatte, sondern weil ein Freund von mir angeblich einen geileren, weil noch besser vernetzten Berater für mich an der Hand hatte, der mir – so sagte er – auf jeden Fall einen Profivertrag bei der Borussia verschaffen könne. Ich verzichte mal drauf, seinen Namen zu nennen, der Mann kann schließlich nichts dafür, dass es zu diesem Profivertrag nie kam. Das lag ausschließlich an mir und meinen Leistungen zu dieser Zeit. Was ich damals natürlich noch ganz anders sah.

Ein Aspekt meines Beraterwechsels aber war, dass ich mich mit Steven »Steve« Gohouri anfreundete, einem der bekanntesten Profis bei der Borussia, der sich ebenfalls im Umfeld meines neuen Beraters bewegte. Steve kam von der Elfenbeinküste, ein begnadeter Fußballer, der in Frankreich aufgewachsen war. Und er war einer der lebenslustigsten Menschen, die ich je kennengelernt habe. Mit der Disziplin, die von einem Profi – zumal von einem Trainer alter Schule wie Jupp Heynckes – erwartet wurde, stand Steve ständig auf Kriegsfuß. Er kam gerne mal zu spät zum Treffpunkt, blieb länger im Urlaub, schwänzte Vorbereitungsläufe, ging in den Bars und Diskotheken feiern –

und spielte trotzdem in der ersten Zeit in Mönchengladbach regelmäßig, weil er auf dem Spielfeld eine echte Maschine war. Selbst ein nicht hundertprozentig austrainierter Gohouri war in der Lage, seine Mannschaft besser, sehr viel besser zu machen. Er schaffte es sogar in die hervorragend besetzte Nationalmannschaft der Elfenbeinküste und war ein guter Freund von Weltstar Didier Drogba. Zu Kopf stieg ihm das nie: Steve Gohouri war total beliebt bei den Fans und bei seinen Mitspielern sowieso. Er hat das Leben genossen, er hatte ein riesengroßes Herz – und meistens gute Laune. Mit ihm verstand ich mich auch buchstäblich deshalb so gut, weil Steve mit mir Französisch sprechen konnte. Es dauerte nicht lange, da war ich mit Steve und seiner Entourage immer wieder gemeinsam im Nachtleben des Niederrheins und des Ruhrgebiets unterwegs. Ich erinnere mich noch an das erste Mal, als ich mit ihm feiern war und gesehen habe, wie das so ist, wenn man mit einem gestandenen Profi in die Disco kommt. Und das war krass. Die beste Droge überhaupt. Alle schauen dich an, du wirst mit Handschlag begrüßt, direkt an der Schlange vorbei an einen VIP-Tisch gesetzt. Dann kommen Leute, um Fotos mit dir zu machen. Natürlich hat mich das beeindruckt, natürlich wollte ich mehr davon. Ich war siebzehn, achtzehn Jahre alt. Nicht reif genug jedenfalls, um zu verstehen, dass ich meinen Ruhm gerade nur auf Pump beanspruchte, dass ich noch gar nichts geleistet hatte, das ich hätte auskosten können. Ich war dumm. Und Steve – so herzensgut er war – auch sicher nicht der Mann, der zum Idol für mich taugte.

Ihm mache ich das allerdings nicht zum Vorwurf, damit hier kein falscher Eindruck entsteht. Es war meine Entscheidung, ihn zu bewundern, ihm zu folgen, seinen Lifestyle nachzuahmen. Steve Gohouri bleibt für mich ein guter Freund, ein Bruder, den ich mein Leben lang in guter Erinnerung behalten werde. Auch, oder gerade weil es mit ihm so ein tragisches Ende nahm. Silvester 2015 wurde er tot im Rhein gefunden, sehr wahrscheinlich hat er Selbstmord begangen, so berichteten es die Medien. Seine Karriere war in dieser Zeit ins Stocken geraten. In Gladbach hatte er die sogenannte »Disco-Affäre« noch glimpflich überstanden, als er zwei Tage vor dem wichtigen Derby gegen den FC Köln mit seinem Mannschaftskameraden Coulibaly in einem Klub erwischt wurde. Doch seine nächsten Jobs in England, Israel und Griechenland, später wieder in Deutschland bei Vereinen wie RW Erfurt und – ganz zum Schluss dem TSV Steinbach – standen unter keinem guten Stern. Das Leben entglitt meinem Freund Steve Gohouri ebenso wie seine Karriere, während ich im Gefängnis saß und den Kontakt zu ihm verloren hatte.

Ich behalte ihn genau so in Erinnerung, wie Moritz Hermann ihn in einer herzzerreißenden *Zeit*-Geschichte beschrieb: als überaus talentierten, beliebten und manchmal etwas zu lebenslustigen Menschen. Ein Zeitzeuge hat über Steve Gohouri gesagt: »Er hat immer nur mit dem Herzen gelebt, aber nie mit dem Kopf.« Klar, mag sein. Aber er *hat* immerhin gelebt. Und er zaubert auch heute noch allen Menschen, die ihn kannten, ein Lächeln ins Gesicht. Das schaffen nur die Guten.

Max Eberl
»Er braucht ein wenig Führung.«

*Der heutige Manager war lange Zeit
Jugenddirektor von Borussia Mönchengladbach,
von ihm stammt das Zitat, das Daniel
Keita-Ruel heute immer noch begleitet:
»In den Beinen Bundesliga, im Kopf nur Kreisliga.«*

Daniel haben wir immer aufwendig mit unserem Fahrdienst aus Wuppertal nach Gladbach geholt, damit er bei uns spielt – daran sieht man ja schon, dass wir ihn wertgeschätzt haben. Wir haben ihn zu dieser Zeit als sehr, sehr talentierten Stürmer gesehen, der wirklich viel verkörperte: Er war drahtig, er war damals schon relativ groß und schnell – alles, was Richtung Tor ging, war schon bemerkenswert. Aber er hatte leider damals schon die Tendenz, nicht nur auf den Fußball zu schauen, sondern sich leicht ablenken zu lassen von Dingen, die eher außerhalb des Platzes stattfanden. Das hat mich zu dem Zitat hingerissen, das ja heute noch in den Medien kursiert. Wenn man ihn auf dem Platz hatte, dann hat man sein ganzes Talent schon gesehen, aber zum Profi gehören halt neben den Voraussetzungen fußballerischer und körperlicher Art auch ein wenig der Kopf und die Einstellung. Ich hatte den Eindruck, dass er sich zu sehr auf sein Talent verlassen und dabei vergessen hat, ein wenig mehr zu machen, als es notwendig gewesen wäre, um ganz nach oben zu kommen.

Dazu kam seine übertrieben zur Schau gestellte Unzufriedenheit, wenn er mal nicht spielte, seine Art, dann auch im Training ein bisschen weniger zu machen, ein wenig trotzig zu sein, das meine ich damit, wenn ich seine mentalen Probleme zu dieser Zeit anspreche. Sein Privatleben konnte ich damals zu wenig beurteilen. Im Jugendbereich ist es ja nicht so, dass man als Verein ständig schaut, was machen die Jungs privat – aber man hat an seinen Leistungen gesehen, dass es da wohl ein paar Defizite in der Lebensführung gab, weil seine Leistungen Stück für Stück schwächer wurden und nicht mehr reichten, um bei Gladbach weiter zu gehen. Die Chance, die er bei uns bekam, die hat er leider etwas leichtfertig vergeben. Leider hat man bei 25 Mann im Kader der U17 und 25 Mann im Kader der U19 nicht die Möglichkeit, auf jeden Einzelnen der Jungs einzuwirken und sie sehr eng persönlich zu betreuen. In einer solchen Konstellation jedem zur Seite zu stehen, ist da schon schwer, obwohl wir natürlich auch in dieser Hinsicht unser Bestes geben.

Unser Credo, das haben wir damals so kommuniziert und das tun wir auch heute noch, lautet: Wir können keinem Spieler eine Profikarriere garantieren, aber wir können ihm gute Voraussetzungen bieten, dass er später irgendwann einmal mit dem Fußball Geld verdienen kann. Ich habe immer das Beispiel gebracht: Wenn du nachher vielleicht kein Profi bist, aber im höheren Amateurbereich mit zwei-, dreitausend Euro dein Studium finanzierst oder eine Ausbildung unterstützt, dann hast du schon einmal eine viel bessere Ausgangslage als viele andere Studenten oder Azubis im gleichen Alter. Du würdest mit deinem Hobby Geld verdienen und könntest dir einen besseren Lebensstandard erlauben. Das können wir den jungen Spielern schon mehr oder weniger an die Hand geben. Viele haben sich das zu Herzen genommen, andere weniger – und ein paar sind ja auch wirklich Profis geworden.

Natürlich: wenn Jungs Probleme haben oder hatten, dann leisten wir natürlich immer Hilfe, wenn wir davon erfahren oder sie erkennen. Bei Daniel war das aber nicht so offensichtlich der Fall. Er war auch damals schon sehr selbstständig und weiter als *viele andere in seinem Alter, vielleicht auch wegen seiner nicht ganz unkomplizierten familiären Situation. Ich habe seine nicht ganz so schöne Geschichte erst im Nachgang mitbekommen und spät erfahren, dass er leider den falschen Weg gegangen ist. Umso schöner aber, wie er sich aus dieser Lage wieder zurückgekämpft hat, das ist ja auch eine schöne Geschichte, die das Leben schreibt. Ob er noch mal eine Etage höher ankommt, nun. Meine Meinung: Das wird sehr, sehr schwer. Da muss schon viel zusammenkommen. Ich glaube, dass er mit der Zweiten Liga jetzt auch das Niveau hat, was man von ihm erwarten konnte, das ist ja schon Profifußball auf hohem Niveau, das sollte man nicht geringschätzen.*

ZURÜCK AUF ANFANG

8

*Der Abschied bei Gladbach.
Der schwere Weg nach Bonn,
die Rückkehr nach Wuppertal
und die Frage: Was nun?*

Ich könnte mich jetzt hinstellen und behaupten: Die Liebe zum Fußball hat mich meine Profikarriere bei Borussia Mönchengladbach gekostet. Das wäre allerdings knapp verkürzt und, wenn ich ehrlich bin, noch dazu ziemlich rätselhaft. Fakt ist allerdings: Dass ich bei einem Schulturnier für meine damalige Schule, das Berufskolleg Kohlstraße, bei einem Turnier der Wuppertaler Schulen mitspielte, haben mir meine Mönchengladbacher Trainer und Verantwortlichen sehr übel genommen. Danach hatte ich dort einen schweren Stand und bin immer noch überzeugt, dass mich dieser »Regelverstoß« den weiterführenden Vertrag gekostet hat. Zumindest ein Übergangsjahr bei der U23 hätte man mir wohl ohne diesen Lapsus zugestanden, davon bin ich überzeugt. Zumal meine Leistungen in der U19 im zweiten Jahr doch schon deutlich besser waren als in der unglücklichen Debütsaison.

Nur kurz zum Hintergrund: Meine Schullaufbahn lag zu dieser Zeit in den letzten Zügen. Meine anspruchsvolle Sport-Realschule hatte ich bereits in der siebten Klasse verlassen müssen, als mir der zeitliche Aufwand für den Fußball über den Kopf wuchs. Ich war einfach zu faul, um nebenher noch viel für die Schule zu machen. Und da ich ohnehin der Ansicht war, dass ich auf jeden Fall Profi werden würde, sah ich auch nicht ein, mich für ein Abschlusszeugnis und die »mittlere Reife« noch besonders anzustrengen. Also wanderte ich ab zur Gesamtschule in Uellendahl-Katernberg auf die Kruppstraße, wo ich ohne viel Aufwand den Hauptschulabschluss machte. Warum ich dann anschließend doch noch zum Berufskolleg Kohlstraße wechselte, um dort die zehnte Klasse zu beenden und damit die »Mittlere Reife« zu haben, weiß ich heute nicht mehr so genau. Große Lust auf Schule war jedenfalls nicht der Grund … Mein Selbstbewusstsein war zudem ausgeprägt genug, um mir keine Gedanken zu einer möglichen Alternative zum Fußball zu machen. Es muss also meine Mutter gewesen sein, die mir immer schon gut zugeredet hatte, auch einen Plan B im Kopf zu haben. Sie hat mich während meiner gesamten Jugendzeit in meinem Wunsch unterstützt, Profi zu werden. Aber sie wusste auch, dass es kein leichter Weg sein würde, und wies mich immer wieder darauf hin, wie wichtig ein vernünftiger Schulabschluss sei. Deswegen also das Berufskolleg, das ich neben meiner »richtigen« Ausbildung bei Borussia Mönchengladbach mehr oder weniger motiviert besuchte – ich habe wohl eine Menge Freistunden genommen … Allerdings nicht, wenn Sport auf dem Stundenplan stand. Womit wir bei meinem Problem angekommen sind: Natürlich stand in meinem Vertrag mit Borussia Mönchengladbach, dass ich ausschließlich für die Borussia spielen durfte. Das hatte vor allem versicherungstechnische Gründe und sollte verhindern, dass ich mich bei einem Wald- und Wiesenkick verletzte. Immerhin investierte der Verein ja Zeit und Geld in meine Ausbildung. Nun fand im Frühjahr 2009 das alljährliche Turnier der Wuppertaler Schulen statt, an dem auch meine Schulmannschaft teilnahm. Ich wusste, dass ich da besser nicht auflaufen sollte, und hielt das auch tapfer bis zum Halbfinale durch. Das Turnier war gut besucht, es fand an *meiner* Sportanlage auf der Nevigeser Straße statt, viele meiner Freunde und Bekannten schauten zu. Das flashte mich natürlich. Vor dem Halbfinale fingen meine Schulkameraden dann auch noch damit an, mich heiß zu machen. *Komm, spiel doch mit, du bist der beste Kicker, den wir haben, mit dir können wir das Turnier gewinnen, das kriegt doch bei Gladbach gar keiner mit* ... So ging das die ganze Zeit. Vielleicht erinnere ich das auch falsch und meine Leute haben damals nur zwei Minuten gebraucht, um an meinen Stolz zu appellieren und mich umzustimmen, möglich ist das ... Vermutlich war ich einfach heiß darauf, den Zuschauern (und den vielen Mädchen darunter) zu zeigen, was ich draufhatte.

Jedenfalls stand beim Anpfiff des Halbfinales Daniel Keita-Ruel da, wo er auf keinen Fall stehen durfte, nämlich auf dem Platz. Ich schoss auch gleich zwei Tore, wir gewannen das Halbfinale, alles bene. Im Finale spielten wir dann gegen eine Truppe, in der zwei türkische Defensivkräfte am Start waren. Mein Schulfreund Olcay war damals in meiner Mannschaft und hörte, wie die beiden sich unterhielten: »Pass auf, Keita«, warnte er mich, »die labern rum, von wegen, dem Schwarzen brechen wir die Beine und so ...« Ich nahm das nicht ernst, ein bisschen Trash Talk auf dem Platz gehörte ja zum Fußball dazu. Doch als das Spiel schließlich lief und ich zwei, drei Tricks auspackte, wurden die beiden schon ein wenig giftig und räumten mich nacheinander zum ersten Mal ab. Als ich dann ein paar Minuten später auch noch das erste Tor schoss, wurde es richtig heftig. Ein grobes Foul folgte dem nächsten, es war nur eine Frage der Zeit, bis die mich richtig erwischten – da konnte ich ausweichen und hoch springen, sooft ich wollte. Wenn man seinen Gegenspieler richtig verletzen will, schafft man das auch. Vom Schiedsrichter war wie so oft auf diesem Niveau keine große Hilfe zu erwarten. Das war einer der Typen, die Blutgrätschen an der Seitenlinie locker durchwinkten, aber wehe, es beschwerte sich mal einer über seine konfuse Spielführung, dann war der Kollege gleich auf hundertachtzig und verteilte Karten wie nichts Gutes. Als mir dann einer der beiden Türken erneut von hinten die Beine wegzog, reichte es mir. Ich sprang auf und schubste den Kerl weg. Nicht mehr allerdings, ich habe keinen geschlagen. Das hatte im Getümmel – man benutzt im Fußball dafür das schöne Wort »Rudelbildung« – der Kollege Olcay für mich übernommen: Es kam zu einem Kopfstoß, woraufhin einer der beiden Türken sich plötzlich theatralisch auf dem Boden wälzte. Ich war nicht unglücklich darüber, das nicht, schließlich hatte der Treter sich das wirklich verdient. Doch wie gesagt: Ich war's nicht …

Die Rote Karte, die dann vom überforderten Schiri gezogen wurde, landete trotzdem ganz knapp unter meiner Nase. Es gibt doch wirklich nichts Unangenehmeres, als wenn dir ein mittelalter, adipöser Stinkstiefel mit feistem Grinsen eine Rote Karte unter die Nase hält und du weißt, der Typ genießt das gerade so richtig, und du kannst nichts dagegen tun. Ich hatte Mühe, mich zurückzuhalten, doch ich schaffte es, halbwegs ruhig vom Platz zu gehen und dabei nicht auf den Balkon zu blicken, wo unsere ganzen Lehrer sich das Endspiel anschauten.

Bis hierhin wäre das eine ärgerliche Episode in meinem Sportlerleben gewesen, doch im Prinzip keinen weiteren Satz wert. Was ich da für einen üblen Bock geschossen hatte, merkte ich erst eine Woche später in Mönchengladbach. Da saß ich in der Mannschaftsbesprechung nach unserem Spiel gegen Bayer Leverkusen und hörte den Ausführungen unseres Trainers Uli Sude zu. Ich weiß noch, dass ich zu meinem Sitznachbarn Dennis Dowidat sagte, »gleich werde ich bestimmt gelobt vom Coach, weil ich die zwei Vorlagen zu unseren Toren gegeben habe«, und stellte mich innerlich schon darauf ein, dieses Lob mit einem bescheidenen Lächeln abzutun: halb so wild. Selten habe ich so danebengelegen. »Kommen wir zu Keita«, sprach Uli Sude und fixierte mich mit undurchdringlicher, beinahe düsterer Miene, die ich so gar nicht von ihm kannte: »Keita hat letzte Woche ein Eigentor geschossen.« Stille. Unverständnis im Raum. Unverständnis auch bei mir. Hatte ich da was verpasst, war mir ein Ball an den Kopf geflogen und hatte meine Sinne vernebelt?

»Keita hat in der letzten Woche bei einem Schulturnier mitgespielt und hat es tatsächlich geschafft, dort wegen einer Tätlichkeit vom Platz zu fliegen. Das Urteil vom Sportgericht von Duisburg haben wir auch schon erhalten. Fünf Spiele Sperre. Vielen Dank, Keita.«

Ich dachte, mich trifft der Schlag. Da war doch übertrieben hart: Fünf Spiele Sperre??? Gerade jetzt, zu einem Zeitpunkt, wo die entscheidenden Spiele gegen den FC Köln, Schalke 04 und Borussia Dortmund anstanden? Ich hätte mir in den Allerwertesten beißen können. Das konnte doch nicht wahr sein. Natürlich waren Uli Sude und Max Eberl nicht erfreut, um es vorsichtig auszudrücken. »Du setzt mit solchen Aktionen deine ganze Karriere aufs Spiel«, sagte Uli Sude, sichtbar enttäuscht. Gerade er hatte mich bei Borussia Mönchengladbach immer gefördert und auch in schwierigen Situationen unterstützt. Und nur weil ich unbedingt ein paar Wuppertaler Kids beeindrucken wollte, riskierte ich meine ganze Zukunft. »Denk doch mal drüber nach, was alles passieren kann«, sagte Sude, »gerade herausragende Spieler werden in solchen Spielen ja gerne zur Zielscheibe von Spinnern und übermotivierten Amateuren.« Er wusste gar nicht, wie recht er mit dieser Einschätzung in meinem konkreten Fall hatte. Es nutzte auch wenig, dass ich beteuerte, auf dem Spielfeld in Wuppertal keine Kopfnuss verteilt zu haben, im Gegenteil. Ich war ja das Opfer! Darauf kam es dann aber auch schon nicht mehr an. Fakt war, dass ich gegen die Regeln verstoßen und den Vertrag zwischen mir und der Borussia gebrochen hatte. Dass meine Strafe in einer Verhandlung vor dem Sportgericht in Duisburg von fünf auf drei Spiele Sperre reduziert wurde, spielte keine Rolle mehr. Ich versäumte wichtige Spiele, bei denen Scouts aus ganz Deutschland an der Seitenlinie standen und auf der Suche nach vielversprechenden Talenten für ihre Profimannschaften waren. Und ich verspielte viel Kredit bei den Trainern und den Verantwortlichen in Mönchengladbach. Danach war der Borussen-Zug für mich abgefahren, das glaube ich auch heute noch, auch wenn ich nicht sofort suspendiert wurde.

Im Laufe der Saison durfte ich mit der U23 noch einmal in ein Trainingslager nach Belek in der Türkei reisen. Das war schmerzhaft, weil mir so eine Reise mit den Jungs, die ausschließlich dem Fußball gewidmet war, schon sehr gefiel. Das hätte auch zukünftig mein Leben sein sollen, das hätte ich mir jedes Jahr gewünscht, am liebsten dreimal hintereinander. Doch in Belek nahm Max Eberl mich zur Seite und redete mir ins Gewissen. Das Zitat, ich habe die Bundesliga durchaus in den Beinen, sei aber mit dem Kopf momentan immer noch auf Kreisliganiveau unterwegs, fiel genau dort. Klar, das war nicht schön zu hören, doch wenn ich ehrlich zu mir selbst war, dann musste ich zugeben: So unrecht hatte er nicht. Möglicherweise sollte ich versuchen, daran zu arbeiten ... Max Eberl ließ in diesen Tagen aber auch durchblicken, dass die Zeit in Mönchengladbach für mich mit Abschluss der Saison wohl zu Ende gehen würde. Da war nicht mehr viel Spielraum, nicht mehr viel Zeit, um die Eindrücke der letzten Monate vergessen zu machen und an meiner Einstellung zu arbeiten. Und so kam es auch: Ein paar meiner Mannschaftskameraden erhielten Anschlussverträge für die Amateur-Mannschaft, Marco Marin durfte gleich bei den Profis anfangen. Und ich? Ich wurde relativ unspektakulär verabschiedet. Und tschüss. Der Traum vom Profivertrag bei Borussia Mönchengladbach war ausgeträumt.

⬢

Natürlich war das ein Schock für mich, hatte ich doch in den letzten zwei Jahren mein Selbstverständnis und mein Selbstbewusstsein aus dem Umstand abgeleitet, ein Teil eines großen Vereins zu sein. Ein kleiner Teil zwar nur, aber immerhin. Nun war ich im Sommer 2008 wieder zurück in den Niederungen des Amateurfußballs gelandet, denn für einen 18-jährigen Nachwuchsmann, der in seinen beiden Jahren in der U19-Bundesliga keine Bäume ausgerissen hatte, standen da draußen vor dem Gladbacher Trainingsgelände die Scouts anderer Vereine nicht gerade Schlange. Es gab Anfragen von Bayer Leverkusens U23 und auch der FC Köln hätte mich wohl gerne in seiner U23 spielen sehen. Doch es waren keine »Angebote«, die mit einer richtigen Perspektive und einem halbwegs akzeptablen Gehalt verbunden gewesen wären. Da gefiel mir die Offerte des Bonner SC schon besser. Der Verein hatte einen ehrgeizigen Sponsor und wollte dringend aus der NRW-Liga aufsteigen, auch der Trainer Wolfgang Jerat, der einmal kurz auch die Profis vom FC Köln trainiert hatte, schien einen guten Eindruck zu machen. Das war zwar jetzt nur die fünfte Liga, doch es war ja mein erstes Jahr im Herrenfußball: Vielleicht war es gar nicht so schlecht, diese Umstellung nicht gleich auf allerhöchstem Niveau zu erleben.

Im Nachhinein würde ich sagen: gute Entscheidung. Wolfgang Jerat förderte mich, indem er mich abhärtete. Ich war es ja noch nicht gewohnt, dass plötzlich ausgewachsene Kanten mit langjähriger Erfahrung vor mir auftauchten und mich am Fußballspielen hindern wollten. Als beinahe noch Jugendlicher kennt man die gesunde Härte und Kompromisslosigkeit eines 28-jährigen Defensiv-Ochsen noch nicht. Wer sich da nicht zu wehren weiß, hat auf Dauer schlechte Karten. Monatelang drangsalierte mich Jerat im Training, indem er mir einen Gegenspieler zuteilte, der ganz eng an mir dranbleiben sollte, während es mein Job war, mich mit dem Ball am Fuß um ihn herum zu drehen und das Spiel aufzuziehen. Das war ein durchaus realistisches Szenario, denn in diesem Jahr spielte ich beim Bonner SC nicht in der Spitze, sondern im offensiven Mittelfeld. Das Training hinterließ Spuren: an meinen Beinen mit den vielen blauen Flecken sowieso, aber auch in meinem ganzen Spiel. Ich lernte schnell, mich zu behaupten und in den Zweikämpfen nicht unterkriegen zu lassen, sodass ich mir beim

Bonner SC ohne große Probleme einen Stammplatz erkämpfte. Ich harmonierte gut mit Ercan Aydoğmuş, dem Torjäger der Mannschaft, der uns in dieser Saison mit 21 Toren zum Aufstieg schoss. Fun Fact am Rande: Ercan ist Jahrgang 1979, also heute schon 40 Jahre alt – und spielt nach Jahren in der Regionalliga und der 3. Liga immer noch als Stürmer beim Cronenberger SC in der Oberliga – so ein guter Spieler ist das. Ich fühlte mich wohl in Bonn, wir gewannen fast jedes Spiel, wurden gut bezahlt, auch das Drumherum hatte fast schon Profi-Charakter. So konnte ich, wann immer ich wollte, in Bonn im Hotel übernachten, um nach einem späten Training oder nach der Rückreise von einem Auswärtsspiel nicht mehr zurück nach Wuppertal fahren zu müssen, wo ich ja immer noch bei meiner Mutter lebte. Mein erstes Jahr im Herrenfußball hätte also durchaus schlechter laufen können. Ich trainierte hart, entwickelte mich körperlich weiter und fühlte mich, als sei ich wieder auf dem Weg nach oben. Nach der Zeit in Gladbach hatte ich ein paar Wochen gebraucht, um mich wieder auf Kurs zu bringen. Das habe ich bei mir immer wieder beobachtet: Rückschläge und Niederlagen bringen mich nur kurz aus der Fassung, danach will ich mir und der Welt da draußen beweisen, dass ich es trotzdem draufhabe. Auch wenn das mit harter Arbeit verbunden ist.

Ich hätte am Ende der Saison in Bonn bleiben und dort in der Regionalliga spielen können. Doch mein Ehrgeiz machte mir einen Strich durch die Rechnung. Statt in einer Truppe zu bleiben, in der ich meinen Platz gefunden hatte, nahm ich das Angebot des Wuppertaler SV an, meines alten Heimatvereins. Der WSV spielte im Zoo-Stadion in der Dritten Liga, das war bereits die unterste Stufe im deutschen Profifußball. Für einen 19-jährigen Kerl wie mich klang das verlockend: Ein Sprung von gleich zwei Klassen, zudem in der eigenen Heimatstadt, das hatte was. Zudem galt der WSV als Aufstiegskandidat. Das Ziel »Zweite Liga« wurde vor der Saison offensiv ausgegeben.

Die Mannschaft wurde mit zahlreichen namhaften Kickern aus der Zweiten und Dritten Liga verstärkt. Als Trainer stand Uwe Fuchs parat, der in seinen besten Zeiten Bundesligaspieler bei Fortuna Düsseldorf, dem FC Köln und beim FC Kaiserslautern gewesen war und der es beim FC Middlesborough in England sogar zu einem gewissen Kultstatus gebracht hatte, als er den Verein zum Aufstieg in die Premier League schoss. Ein Mann mit einer beeindruckenden Vita also, von dem man als junger Spieler nur lernen konnte. Also zögerte ich nicht lange und unterschrieb einen Vertrag in Wuppertal. Ich dachte, jetzt ginge dort für mich die Post ab.

Was nicht passierte. Vom ersten Tag an lief viel schief in Wuppertal. Der Kader bestand aus zahlreichen ehemals guten, nun aber bloß noch namhaften Einzelspielern, viele im letzten Drittel ihrer Karriere. Eine gute Mannschaft wurde aus diesem Kader nie. Daran konnte auch unser Trainer wenig ändern. Ich mochte ihn, er war fachlich top, charakterlich großartig, ein Mensch, an den ich auch heute noch mit Wärme und Respekt zurückdenke. Doch was hätte er mit mir machen sollen? Unsere – wohl auch leicht überalterte – Mannschaft stand quasi mit Beginn der Saison im Tabellenkeller. Wer sich im Fußball auskennt, weiß, was das bedeutet: Druck, schlechte Stimmung und keine guten Voraussetzungen für junge Spieler, größere Einsatzzeiten zu bekommen. In solchen Phasen vertrauen die meisten Trainer gestandenen Kräften, schon aus Selbsterhaltungsüberlegungen. Dem alten Haudegen zittern seltener die Beine, wenn es in harten Duellen mit den Konkurrenten nur noch ums nackte Überleben in der Liga geht. Ich spielte selten und wenn, dann nur ein paar Minuten. Ganze Spiele machte ich zu der Zeit nur in der zweiten Mannschaft des WSV, die in der Niederrheinliga spielte. Der Liga, aus der ich in der vergangenen Saison mit dem Bonner SC aufgestiegen war. Ich will nicht behaupten, dass die Saison beim Wuppertaler SV mir überhaupt nichts gebracht hat. Von Uwe Fuchs konnte ich lernen, das war klar. Ich antizipierte im Laufe der Saison auch den Unterschied zwischen Oberliga und Dritter Liga, entwickelte mich spielerisch wie körperlich weiter. Doch natürlich war ich unzufrieden. Was auch sonst: Ich wollte spielen, mich als Profi durchsetzen, ich war ungeduldig. Oder wie man so schön sagt: mit der Gesamtsituation unzufrieden. Es ging nicht voran. Weder mit dem Wuppertaler SV, der am Ende der Saison in die Regionalliga abstieg. Noch mit mir, denn ich hatte das Gefühl, dass meine Karriere nicht vom Fleck kam. Ein windiger Berater meldete sich am Ende der Saison bei mir und versprach, mich bei einem französischen Profiverein unterzubringen. Es stellte sich raus – wie so oft im Profigeschäft –, dass das nur heiße Luft gewesen war. Ich hatte auch ein paar lockere Anfragen von Vereinen, die finanziell aber so dünn waren, dass ich davon niemals hätte leben können. Zudem stellte ich fest, dass mein Vertrag in Wuppertal auch für die Regionalliga galt. Man gab mir zwar zu verstehen, dass man mich nicht um jeden Preis halten wolle, wenn ich einen neuen Verein finden würde, doch meine Situation war alles andere als geklärt. Ich hing in der Luft damals in Wuppertal im Sommer 2011 und hatte nach dem Ende der so unglücklich verlaufenen Saison sehr viel Zeit, um über meine Zukunft nachzudenken. Oder um den größten Blödsinn meines Lebens in Angriff zu nehmen. Ich habe mich für Variante B entschieden. Wie dumm kann man sein? Nun. Da gibt's manchmal keine Grenzen.

Eremias »Ere« Ghebremedhin
»Er hat es einfach mehr gewollt.«

Ere ist ein Jugendfreund von Keita. Die beiden trafen sich beim gemeinsamen Probetraining beim Wuppertaler SV zum ersten Mal – damals ging es um den Kader für die U19-Bundesligamannschaft.

Es war nicht schwer, Keita sofort zu mögen. Obwohl er ja im Grunde mein Konkurrent war. Der Wuppertaler SV hatte die Qualifikation für die Junioren-Bundesliga geschafft, was mir mit meinem aktuellen Verein Rot-Weiß Oberhausen nicht gelungen war. Da ich in Düsseldorf lebte, lag Wuppertal ohnehin etwas näher – ich wollte mich also auf jeden Fall dort im Probetraining durchsetzen. An meinem ersten Tag tauchte auch Keita auf. Er war vom ersten Moment an sehr offen. Ich war erstaunt, dass er schon alle Mitspieler kannte, dabei kam er von einem völlig unbekannten Klub, dem FK Jugoslavija. Wir waren so 30 bis 40 Spieler auf dem Platz, es war klar, dass viele der potenziellen Neuzugänge wieder weggeschickt werden mussten. Und es waren auch viele Spieler dabei, die aus der Jugend bekannter Bundesligisten stammten und dort nicht weitergekommen waren. Obwohl das jetzt nicht unbedingt dafür sprach, dass wir es bei ihnen mit Ausnahmetalenten zu tun bekamen, kapselten gerade diese Jungs sich ab und vermittelten uns das Gefühl, dass sie ohnehin besser als wir waren. War also kein Selbstgänger, dieses Probetraining, ich war schon etwas nervös. Es herrschte eine knackige Atmosphäre der Konkurrenz. Nicht so für Keita.

Ihn umgab auch in dieser Situation eine völlig unbekümmerte Aura, er war sofort sehr präsent, sprach mit jedem und spielte einfach locker seinen Stiefel runter. Man konnte sofort sehen, wie clever er war, ich würde sagen: Für einen Jugendstürmer war er schon sehr »abgewichst« und effektiv im Abschluss. Sein Geheimnis war wohl: Er machte sich einfach keine Gedanken, Keita ist ein extrem handlungsschneller Instinktfußballer.

Keita und ich wurden schließlich beide in Wuppertal verpflichtet. Was dann geschah, charakterisiert Keitas Wesen eigentlich ganz gut: In den ersten Spielen der Bundesliga-Saison mit dem Wuppertaler SV spielte er nicht von Anfang an, sondern musste auf die Bank. Und wir verloren auch die ersten sechs, sieben Spiele sang- und klanglos Die Wende in dieser Saison kam dann mit Alfonso del Cueto. Seine erste Amtshandlung war, Keita sofort vorne reinzuschicken. Von diesem Moment an – und auch, weil er ein guter Trainer war und die Mannschaft selbst gegen ausgebuffte Bundesligatruppen gut einstellte – waren wir konkurrenzfähig und holten viele Punkte auch gegen Mannschaften wie Köln, Schalke oder Mönchengladbach. Das war abgesehen vom miesen Start eine super Saison für uns, die großen Spaß gemacht hat. Für Keita persönlich lief es auch immer besser, er erzielte Tore, fiel vielen Trainern auf und sammelte Angebote von anderen Bundesligisten unserer Staffel. Doch er hob nicht ab oder ruhte sich auf den Angeboten aus, die er hatte, im Gegenteil. Der Erfolg war mehr Bestätigung und Anfeuerung für ihn, noch mehr zu trainieren. Wir harmonierten auf dem Platz und außerhalb prima miteinander. Ich spielte auf der Zehn, er war Mittelstürmer, das heißt, dass ich ihm viele Dinger auflegte, die Lokalpresse nannte uns scherzhaft Chip & Chap. Unser bestes Spiel war sicher das Spiel gegen Borussia Mönchengladbach in der Rückrunde. Die Gladbacher waren ganz vorne mit dabei, Marko Marin spielte und noch ein paar andere, die man heute aus dem Fernsehen kennt. Wir gewannen sensationell 3:0, Keita machte zwei Tore, das letzte erzielte ich – auf Vorlage von Keita. Das war der Höhepunkt unserer gemeinsamen Zeit auf dem Acker, die dann ja leider zu Ende ging, weil Keita zu seiner Freude von Borussia Mönchengladbach verpflichtet wurde.

Auch als wir nicht mehr zusammenspielten, sahen wir uns häufig, kickten auf Bolzplätzen oder bereiteten uns gemeinsam in den Ferien auf die neue Saison vor. Er nahm mich auch mal mit aufs Trainingsgelände der Borussia. Ich war in seiner Zeit bei Mönchengladbach und auch die Jahre danach bis zu dieser unseligen Geschichte mit den Raubüberfällen weiter ziemlich nah mit ihm verbunden und habe schon bemerkt, dass sich das Leben von Keita ein wenig veränderte. Er war ja schon immer ein ziemlicher Modefreak gewesen, seine Kleidung war ihm immer wichtig. Das steigerte sich in seiner Zeit bei Mönchengladbach noch ein wenig, da gab es plötzlich viele Designer-Klamotten, wir gingen häufiger essen und regelmäßiger in Bars und Klubs. Es war nicht so, dass er plötzlich aufgehört hätte, seriös zu trainieren oder auch außerhalb des Platzes nicht mehr auf sein Ziel hin zu arbeiten, Profi zu werden. Doch manchmal sind ja schon ganz leichte Abweichungen vom Kurs verantwortlich für grundlegende Veränderungen. Vielleicht war er in seinen Gladbacher Jahren nicht mehr ganz so fokussiert und hat das süße Leben eines Profis zu sehr genossen, obwohl er das ja faktisch noch gar nicht war. Aber er hing da ja schon immer wieder mit einigen der älteren Profis zusammen ab, vielleicht hat ihn das zu früh zu sehr auf den Geschmack gebracht.

Als man ihm dann bei Borussia Mönchengladbach nach der A-Jugend keinen Profivertrag geben wollte, war er natürlich brutal enttäuscht. Doch er reagierte schließlich genau so, wie ich ihn kenne: »Jetzt erst recht!« Ich habe nie erlebt, dass er sich mal hängen ließ, auch nicht, als er beim Bonner SC und in Wuppertal erst mal nicht weiterzukommen schien. Von daher war der Schock natürlich groß, als wir im Herbst 2011 erfuhren, dass man Keita festgenommen hatte. Niemand von uns hat geahnt, *dass er in solche Geschichten verwickelt war, obwohl wir ihn ja damals fast jeden Tag sahen. An dem Wochenende, an dem er festgenommen wurde, war eigentlich eine Geburtstagsfeier. Wir wunderten uns, dass er einfach nicht auftauchte und auch telefonisch nicht erreichbar war. Als wir erfuhren, was passiert war, fragten wir uns natürlich, ob wir die Anzeichen seiner Lage leichtfertig übersehen hatten. Aber abgesehen davon, dass wir uns wunderten, weshalb Keita in dieser Zeit so flüssig war, obwohl er ja noch gar keinen neuen Verein hatte, war da nichts zu spüren gewesen. Dass er uns, seine besten Freunde, nicht eingeweiht und um Hilfe gebeten hatte, passt wiederum zu ihm. Ich glaube, er wollte uns nicht in diese schmutzigen Machenschaften hineinziehen. Es klingt vielleicht merkwürdig, aber ich glaube, das verbot ihm einfach sein Verantwortungsgefühl. Dass er die Zeit im Gefängnis überstanden hat, ohne einzuknicken, und mental stärker aus dem Knast rausgekommen ist, als er vorher war, hat sich ja nun in den letzten Jahren bewiesen. Seinen Willen und seinen Ehrgeiz hat man dort nicht brechen können. Er hat sein Ziel trotzdem verfolgt, auch als ihm das niemand mehr so recht glauben wollte.*

Wenn ich daran denke, dass er es zum Profi geschafft hat und ich nicht, obwohl wir an einer Stelle unserer sportlichen Karriere ja mal kurz auf der gleichen Stufe standen, dann muss ich sagen, okay, vielleicht hatte er mehr Talent. Aber entscheidend war sicher: Er hat es auch einfach mehr gewollt!

9

FEHLERMELDUNG: DER FALL KEITA-RUEL

The Making-of: dumme Entscheidungen.

Keine Ahnung, an welchem Tag das Unheil begann. Wann hatte ich Mario zum ersten Mal gesehen oder sogar mit ihm gesprochen? Im Wuppertaler Zoo-Stadion vielleicht, wo er hin und wieder auftauchte, obwohl er sich gar nicht sonderlich für Fußball interessierte? Kann sein. Wahrscheinlicher aber bin ich ihm im Don Camillo & Peppone über den Weg gelaufen, der Pizzeria von Giuseppe am Laurentiusplatz, in der zu dieser Zeit viele Spieler des Wuppertaler SV verkehrten. Auf den ersten Blick ein italienisches Restaurant, wie es sie in Deutschland wie Sand am Meer gibt: gediegen elegante dunkle Holzstühle und -tische, lange Theke, gedimmtes Licht. An den Wänden eine Menge Fotos der beiden Figuren, die dem Lokal seinen Namen geben. Die Filme über »Don Camillo & Peppone« mit Fernandel als Pfarrer und seinem Sidekick Gino Cervi wurden zwar schon zwischen 1952 und 1965 gedreht, doch die schwarz-weißen Fotos haben auch heute nichts von ihrem schrulligen Charme verloren. Am nördlichen Ende des schlauchförmigen Raumes rödelte der Pizzaofen vor sich hin, über der Theke flimmerte bei besonderen Anlässen – hauptsächlich also Fußballspielen – der einzige Bildschirm des Lokals. Alles in allem also ein durchaus bürgerlicher, ja beinahe behaglicher Ort, weit entfernt jedenfalls von dem Bild, das man sich von einer klassischen Räuberhöhle im Mafia-Style vorstellt.

Im Sommer 2011 hing ich fast jeden Tag dort herum, oft schon mittags. Beim Fußball lähmte mich die nervige Sommerpause, die Routine meines üblichen Tagesablaufs fehlte mir. Viele meiner Freunde waren nicht in der Stadt, sondern irgendwo in der Sonne an einem Strand in Europa. Auch meine Mutter und meine Schwester hatten sich nach Südfrankreich in den Urlaub verabschiedet. Ich blieb allein in Wuppertal, weil ich nicht wusste, wie es sportlich bei mir weitergehen würde. Ich hatte zwar noch den gültigen Vertrag beim Wuppertaler SV, aber ich wollte nicht unbedingt in der Regionalliga spielen, sondern wenigstens in der 3. Liga bleiben. Also hoffte ich darauf, irgendwo ein Probetraining bei einem höherklassigen Verein machen zu können. Ich arbeitete daran, aber so viel war unklar in dieser Zeit.

Morgens trainierte ich zwar mit einem Privattrainer und hielt mich bereit für interessierte Vereine. Danach aber war immer noch eine Menge vom Tag übrig, den ich immer häufiger bei Giuseppe in seinem Restaurant verbrachte. Was sollte ich sonst auch tun? Giuseppe kannte ich schon mein halbes Leben, er war einer der Jugendtrainer beim Wuppertaler SV, einer seiner Söhne spielte dort. Auch mein jüngerer Halbbruder Amadou war einer seiner Spieler. Für mich war Giuseppe wie ein väterlicher Freund, zu dem ich uneingeschränktes Vertrauen hatte. Fußball verbindet – und in seinem Lokal gab es ja nicht nur die beste Pizza der Stadt, sondern man traf dort auch immer jemanden, mit dem man ein paar Sätze reden konnte. Selbst wenn es Mario war, einer dieser typischen Strizzi-Italiener, von dem kaum jemand wusste, was er eigentlich den ganzen Tag so trieb – und wovon er lebte. Es hieß, er mache *Geschäfte* – wir dachten uns natürlich unseren Teil, konkreter wurde das Thema nie. Mario aber kam offenbar gut klar mit Giuseppe, er behauptete sogar, ein Cousin von ihm zu sein – mehr mussten wir nicht wissen. Für uns war Mario nur eine dieser unvermeidlichen Gestalten, die irgendwie dazugehörten. Niemand von meinen Freunden kannte ihn näher oder war enger mit ihm befreundet – und ich selbst nahm ihn meistens nur aus den Augenwinkeln wahr, eine Randfigur. Das galt jedenfalls für den Anfang unserer Bekanntschaft. Später sollte Mario sich für mich zu einem echten *pain in the ass* entwickeln, doch das war am Anfang dieses Sommers noch nicht abzusehen. Ich fand ihn ziemlich merkwürdig, ohne mir viele Gedanken zu machen – nur einer von diesen Typen, die ständig auf dicke Hose machten, dachte ich. In Giuseppes Restaurant führte er sich manchmal auf, als würde ihm der Laden gehören – vor allem, wenn er ein paar Leute im Schlepptau hatte, die im Don Camillo & Peppone nicht zu den Stammgästen gehörten. Im Nachhinein würde ich sagen: Ganz schön naiv, nicht gleich gemerkt zu haben, dass dieser Typ nur eines bedeutete: Ärger.

In diesem Sommer traf ich Mario zunehmend häufiger auf der idyllischen Terrasse von Giuseppes Laden an der Laurentius-Kirche. Der Laurentius-Platz ist einer der lebendigsten Orte in ganz Wuppertal, man fühlte sich – mit Blick auf Eisdielen, Cafés und die schöneren Geschäfte der Stadt – an sonnigen Tagen wie auf einer italienischen Piazza. Unsere Gespräche waren anfangs eher ziellos. Small Talk eben, banales Geplänkel über Fußball und die Welt. Ich hatte allerdings schon bald den Eindruck, dass Mario meine Gesellschaft gezielt suchte. Das kam mir erst nicht weiter komisch vor, ich war in Wuppertal ja eine Art Sonnyboy, bekannt als einer der besten Fußballer der Stadt. Auch die Zeit bei Borussia Mönchengladbach strahlte noch ein wenig nach, viele in Wuppertal wussten, dass ich da mal gespielt hatte. Es kam also häufiger vor, dass ich Leuten begegnete, die gerne mal eine Runde mit mir redeten. Das war in der Regel auch okay, harmloses Geplauder, das niemandem wehtat. Wenn ich ehrlich bin, mochte ich das sogar. Die Treffen mit Mario allerdings wurden mit der Zeit immer schräger. Dass Mario üble Pläne mit mir hatte, war mir bis zu diesem

Zeitpunkt noch gar nicht in den Sinn gekommen. Wie denn auch: Bis dahin hatte ich noch keine Erfahrungen mit Kleinkriminellen seines Zuschnitts gemacht. Ich war 21 Jahre alt. Mafiosi und Gestalten, die welche sein wollten, hatte ich bisher nicht kennengelernt. Im Fußballgeschäft gab es Träumer, Schwätzer, Schreihälse und Aufschneider, aber Ganoven? Nicht so häufig. Mein moralischer Kompass muss in dieser Zeit unter dem Frust über meine Gesamtsituation gelitten haben … anders kann ich mir das alles nicht erklären. Jedenfalls befand ich mich damals in einer schwierigen Phase meines Lebens: vor die Tür gesetzt von Borussia Mönchengladbach, in Bonn und Wuppertal keinen entscheidenden Schritt weitergekommen, auch im privaten Bereich ein wenig verunsichert, um es so neutral wie möglich auszudrücken. Es wurde höchste Zeit, dass etwas passierte, sonst war meine Karriere vielleicht schon vorbei, bevor sie richtig begonnen hatte. Aber es ging einfach nichts voran, und ich fragte mich zweifelnd, was ich tun konnte, um meine Situation zu verbessern. Im Nachhinein würde ich sagen: Ich war wohl ein wenig haltlos, ein wenig labil in diesem Sommer 2011. Nur so ist es zu erklären, dass ich Leuten wie Mario überhaupt zuhörte. Unter anderen Umständen hätte ich Typen wie ihn gar nicht wahrgenommen.

Heute erkenne ich dubiose Gestalten wie ihn auf hundert Meter und würde bei den ersten Anzeichen, dass mich jemand zu irgendeinem Scheiß überreden will, sofort aufstehen und gehen. Damals aber zuckte ich bloß mit den Schultern und nahm Marios Geschwätz nicht ernst. Erzähl du mal, Alter, dachte ich, spiel von mir aus auch gern so einen Kleinstadt-Mafiosi, wie du ihn vermutlich in der TV-Serie »Die Sopranos« studiert hast. Wenn du das brauchst, kein Problem, alles schick für mich. Seine Prahlereien, was für ein gerissener Ganove er doch sei, wurden immer häufiger. Ich wollte sie nicht ernst nehmen. Ich weiß noch, wie er ständig sagte: »Mir kann nichts passieren, Keita, ich drehe ja nur saubere kriminelle Dinger!« Das war echt seine Macke, immer wieder fing er damit an: *saubere Dinger* drehen. Er behauptete: »Die kriminellen Deals, die ich plane, sind zu hundert Prozent sicher. Da besteht kein Risiko.« Er würde ja auch keine Waffen einsetzen, was verhindere, dass »schlimme Sachen« passierten. Und dann seien die vermeintlichen »Opfer« bei seinen Überfällen auch immer eingeweiht. Er machte immer mehr auf Mafiosi, sprach von Hintermännern und Insider-Informationen, behauptete, dass er gute Kontakte bei der Polizei habe. Immer wieder fing er davon an: saubere Deals, alles absolut safe. Heute würde ich sagen: der gängige Schwachsinn, den man einem unerfahrenen Jungen wie mir erzählt, um ihn einzulullen und in Sicherheit zu wiegen. Mit Mario zusammenzusitzen und seinen Erzählungen zu folgen, das war, wie einen Tarantino-Film zu sehen: krass, aber irgendwie Comic, jedenfalls nicht sehr real.

Zwischen den ganzen Gesprächen in diesem Sommer ist es heute schwer zu sagen, wann genau die Sache kippte. Wann ich anfing, ihm zu glauben, dass er tatsächlich dieser clevere Kleinganove war, der er offenbar so gern sein wollte. Erst hielt ich sein Geschwafel für genau das: Wichtigtuerei von einem pummeligen und ein wenig zu kurz geratenen Italiener mit zurückgegelten Haaren, der zu viele Mafiafilme im Fernsehen gesehen hatte. Nicht mal die auf den Kopf getackerte Sonnenbrille fehlte. Ich hätte gewarnt sein können, vor allem, als aus den eher vagen Erzählungen plötzlich ein konkretes Projekt wurde, ein ganz großes Ding, wie Mario es nannte: Er wollte in Wuppertal eine Boutique ausrauben, eine s.Oliver-Filiale in den City-Arkaden von Wuppertal. Und dazu brauche er mich, behauptete er. »Für diesen Job muss man schnell rennen können.« Ich weiß nicht, wie häufig ich ihm antwortete, Alter, lass stecken, das ist nichts für mich, das mache ich nicht, ich bin doch nicht dumm. Offenbar ahnte Mario, dass ich das – zumindest in dieser Zeit – wohl doch war. Sehr dumm sogar.

Ein paar Tage redete Mario immer weiter auf mich ein wie auf einen tauben Esel: Der Überfall sei eine ganz leichte Sache, die Einnahmen eines Wochenendes würden von einer jungen Praktikantin zur Bank gebracht, er wisse auf die Minute genau, wann das passieren würde und wo man sie am besten abpassen könnte. »Meine Schwester Giovanna ist in dem Laden Filialleiterin, die checkt das alles für uns. Kein Problem, bombensicher. Du nimmst der Else einfach die Geldtasche ab und rennst weg, innerhalb von zwei Minuten ist das Thema durch. Die Polizei kriegt eine falsche Täterbeschreibung, das war's, vielen Dank. Leichter geht's nicht.«

Wie soll das funktionieren, antwortete ich ihm, mich kennen in Wuppertal viele Leute, die wissen, wer ich bin, wie ich laufe – die würden mich doch sofort erkennen. Doch Mario hatte immer eine Antwort auf meine Bedenken, egal wie häufig ich sie vortrug. Immer wieder aufs Neue ging er den »Plan« durch, sprach von seiner Schwester Giovanna, die genau wie ihre Praktikantin mit im Boot sei, von einem eingeweihten Security-Typen und dass der ganze Raub nun wirklich nichts sei, wovor man Angst haben müsse. »Null Risiko. Und dich sieht ja auch niemand, der dich erkennen könnte!«

Nicht dass das hier falsch verstanden wird, ich will das nicht beschönigen: Es ist nicht so, dass Mario mir eine Pistole an den Kopf gehalten hätte. Ich habe unseren Raubzügen aus freien Stücken zugestimmt. Heute verstehe ich es selbst nicht mehr, aber Mario hatte mich mürbe gequatscht, nach allen Regeln der Kunst. Irgendwann muss ich wohl im falschen Moment genickt haben, an die Wand gelabert und müde vom vielen Neinsagen. Vielleicht sogar noch beeinflusst durch Giuseppe, der – wie ich erstaunt feststellte – ebenfalls in Marios Pläne eingeweiht war. Um wie viel Geld es dabei gehen würde und was mein Anteil sein würde, darüber dachte ich zu diesem Zeitpunkt nicht einmal nach. Ich hatte ja keine Geldsorgen, ich lebte noch bei meiner Mutter, wurde vom Wuppertaler SV bezahlt.

Es waren irgendwie unwirkliche Tage damals, ich fühlte mich wie ein Darsteller in einem schlechten Krimi. Real war das alles nicht, konnte es nicht sein: Ich war doch kein Krimineller, kein Räuber, kein Mitglied einer Bande. Wenn ich mit Giuseppe, Mario und seinem besten Freund und Fahrer Luka im Don Camillo zusammensaß und wir die Einzelheiten unseres »Plans« besprachen, hätte ich manchmal laut auflachen können, so absurd erschien mir das alles. Konnte ich ernsthaft etwas mit so einer windigen Sache zu tun haben? Für Mario, Salvatore und auch Giuseppe aber war die Sache erledigt: Ich hatte in einer schwachen Sekunde eingewilligt, plötzlich hing ich mit drin und es schien unmöglich, in letzter Sekunde noch einen Rückzieher zu machen. In den nächsten Tagen fuhren wir mit Marios weißem Fiat Punto meinen »Fluchtweg« ab, den Mario schon ausbaldowert hatte, und besprachen die Details des Raubs. Ich saß in diesem Auto und hörte mir alles an, nickte an den richtigen Stellen – aber es drang bis zum letzten Moment nicht wirklich bis zu mir vor, dass ich knapp davor war, mein Leben, so wie ich es bisher kannte, zu zerstören. Ich war jung, und ich brauchte nicht mal das Geld. Wie blöd konnte man sein?

DER ERSTE ÜBERFALL 10

*Für eine Handvoll Euro.
Montag, 25. Juli 2011,
s.Oliver-Boutique,
City-Arkaden, Wuppertal*

Montagmorgen, gegen zehn Uhr. Nicht viel später jedenfalls. Luka holte mich mit seinem blauen Golf 1 zu Hause ab. Mario hielt telefonisch Kontakt mit ihm und gab uns Anweisungen. Wir fuhren auf einen abgelegenen Parkplatz neben den City-Arkaden in Wuppertal und warteten auf Marios Signal zum Start. Ich muss wohl ziemlich nervös gewirkt haben, denn Luka versuchte die ganze Zeit, beruhigend auf mich einzuwirken. Auch er wiederholte Marios Mantra in einer Tour: »Keita, entspann dich. Atme tief durch. So schlimm ist das nicht. Hier sind alle eingeweiht, es kann gar nichts passieren.« Ich nickte und atmete dabei so schwer, als wäre ich gerade einen Marathon gelaufen. Im Radio quarkte ein furchtbar gut gelaunter Moderator einer Frühstückssendung vor sich hin. Luka redete neben mir auf mich ein, ich schwitzte dazu in meinen dunklen Joggingsachen wie in der Sauna. Bizarr. Es hatte definitiv schon angenehmere Momente in meinem Leben gegeben. Luka überreichte mir zusammen mit ein paar Handschuhen eine schwarze Sturmhaube: »Die ziehst du an, wenn du im Gebäude bist.« Der Plan war, dass ich im Hintereingang auf die Praktikantin der Boutique warten würde, in einer Art Tunnel, den auch die Geldboten der anderen Geschäfte in den City-Arkaden benutzten, um das Gebäude unbeobachtet zu verlassen. Die Details kannte Mario von seiner

Schwester – und die hatte auch dafür gesorgt, dass die Sicherheitstür zu diesem Tunnelgang an diesem Morgen offen war. Um nicht unmittelbar mit dem Raub in Verbindung gebracht zu werden, hatte sich Marios Schwester an diesem Tag Urlaub genommen, stand aber telefonisch mit ihren Mitarbeitern in Kontakt und konnte so – das behauptete jedenfalls Mario – genau vorhersagen, wann die Praktikantin mit ihrer Geldtasche losgehen würde. Zur Sicherheit hatte sich auch Giuseppe in Stellung gebracht. Er hatte in den City-Arkaden einen Platz gefunden, von dem aus er gut einsehen konnte, was in der s.Oliver-Filiale vor sich ging.

Man nennt Adrenalin nicht umsonst das »Benzin der Angst«. Als ich aus Lukas Auto stieg und mich in dem dunklen, von außen nicht einsehbaren Gang in den City-Arkaden versteckte, durchlebte ich die schlimmsten Minuten meines Lebens. Durch meinen Körper fluteten ganze Sturzbäche Adrenalin. Man kann es wissenschaftlich ausdrücken, was in solchen Momenten im Körper eines Menschen geschieht: Der Blutdruck steigt an, die Herzfrequenz steigert sich in den Sprint, Pupillen und Bronchien erweitern sich, Fettreserven werden abgebaut, Speichelfluss und Schweißproduktion arbeiten im Extrem-Modus. Weniger wissenschaftlich ausgedrückt: Ich fühlte mich, als würde ich gleich zerspringen, so, als würde mein ganzes Organsystem abstürzen. So was kannte ich sonst nicht von mir. Selbst im wildesten Strafraum-Getümmel bleibe ich beim Fußball in den meisten Fällen cool. Aber das war ja auch mein natürlicher Lebensraum, in dem ich mich wohlfühlte. Hier, in diesem dunklen Gang in den Wuppertaler City-Arkaden – dazu noch in der Absicht, gleich den ersten Raub meines Lebens zu begehen –, war so ziemlich das Gegenteil der Fall. Das alles hier war einfach nur irre, in jeder vorstellbaren Hinsicht. Vermutlich war mein Körper einfach schlauer als ich und wollte mir zu verstehen geben: Alter, das ist deine letzte Chance, noch auszusteigen, komm mal klar!

Kam ich dann aber leider nicht. Auf meinem Handy summte eine WhatsApp von Mario. »Das Spiel geht in drei Minuten los.« Wir hatten vereinbart, auf dem Handy nur noch codiert miteinander zu kommunizieren und Begriffe aus dem Fußballjargon zu verwenden. Ich wusste: In drei Minuten würde die junge Praktikantin mit der Geldtasche bei mir sein, dann gab es keinen Weg zurück mehr. Kurz darauf sah ich sie auch schon an der Treppe. Wie vereinbart antwortete ich Mario. »Das Spiel geht los!« Ich stand im toten Winkel hinter der Tür, sodass sie mich beim Betreten des Gangs nicht sehen konnte. Als sie ein paar Schritte gemacht hatte, lief ich los und entriss ihr von hinten die Ledertasche mit dem Geld. Das Mädchen schrie sofort in Panik los. Ich weiß noch, dass ich in diesem Moment dachte: Mario hat Scheiße erzählt. So wie sie schrie, war sie ganz sicher nicht eingeweiht. Bis dahin hatte ich mir gar keine Gedanken darüber gemacht, wie sich die Frau bei dem Überfall fühlen würde, es war ja klar, dass sie mit uns in einem Boot saß. Tja. Danke, Mario.

Ich hoffte, dass Mario wenigstens mit all den anderen Infos nicht gelogen hatte. Im Laufe unseres Gerichtsprozesses sollte sich herausstellen: Auch der Security-Mann wusste von nichts. Von wegen eingeweiht. Wir hatten einfach nur Glück. Ich sah die s.Oliver-Mitarbeiterin nur von hinten, wir hatten keinen Augenkontakt, auch nicht, als ich ihr die schwarze Ledertasche entriss. Noch im Tunnel der City-Arkaden nahm ich die Maske vom Kopf und sprintete auf die Straße, zuerst durch eine Garageneinfahrt hinüber auf die Hauptstraße – ganz in der Nähe einer Polizeiwache –, dann hoch auf einen kleinen Berg im Else-Lasker-Schüler-Park, genauso wie es Mario geplant hatte. Alles im gefühlten Vollsprint, rund 800 Meter weit. Dort oben wartete schon Luka auf mich. Dem konnte ich gerade noch die Geldtasche übergeben, danach rebellierte mein Magen endgültig. Zu viel Adrenalin, der lange Sprint, das Gefühl, mit offenen Augen in einen riesigen Schlamassel geraten zu sein: Ich kotzte mir jedenfalls da oben die Seele aus dem Leib. Luka klopfte mir mitfühlend auf die Schulter. Mit so einem »Gangster« hatte er es vorher wohl noch nicht zu tun gehabt. Das Gute in dieser Situation: Ich war auf meiner Flucht niemandem begegnet, keiner hatte mich gesehen – außer der Praktikantin natürlich, aber das war im dunklen Tunnel der City-Arkaden gewesen und ich hatte darin ja Lukas Sturmhaube auf dem Kopf. Sehr wahrscheinlich war es also nicht, dass sie mich gut beschreiben konnte. Sonderlich beruhigt fühlte ich mich trotzdem nicht. Von Weitem hörten wir schon von überall her Polizeisirenen. Höchste Zeit abzuhauen. Meine Mutter war einige Wochen zuvor nach Wuppertal-Cronenberg gezogen, eine der besseren Wohnlagen in Wuppertal, in die Nähe des Kindergartens, in dem sie arbeitete. Ich hatte noch immer die Schlüssel zu unserer alten Wohnung auf der Neuen Friedrichstraße in Elberfeld. Sie stand leer, noch war kein neuer Mieter eingezogen. Dorthin sind Luka und ich gefahren, um an einem sicheren Ort und von der Straße weg zu sein. Wir zählten das Geld in der Ledertasche, es waren ein bisschen mehr als 15 000 Euro. Die Vereinbarung lautete, dass wir die Beute durch fünf teilen würden: Mario, Giuseppe, der Security-Mann, seine Schwester Giovanna und ich würden jeweils ein Fünftel bekommen, auch Luka sollte einen kleinen Teil erhalten. Dabei hatte Mario mich schon wieder verarscht: Der Security-Typ war gar nicht in den Raub eingeweiht – dessen Anteil steckte sich unser Boss einfach in die eigene Tasche. 3700 Euro gab es am Ende für mich, läppische 3700 Euro. Ein ziemlich mieser Preis dafür, dass ich mein Leben für ein paar Jahre unwiderruflich in den Sand gesetzt hatte – und vor allem dafür, dass ich einer jungen Frau den Schock ihres Lebens verpasst hatte.

DER ZWEITE ÜBERFALL 11

Wie ein schlechter Film. Mittwoch, 10. August 2011, Postkiosk an der Düsseldorfer Straße in Wuppertal

Die Tage nach unserem ersten Überfall waren krass. Ich war hypernervös und fahrig, völlig von der Rolle. Meine Freunde wussten nicht, was mit mir los war, ich hatte ja keinem etwas von der Sache erzählt. Selbst meine damalige Freundin hatte keine Ahnung, ich wollte niemanden aus meinem Umfeld mit meinen Problemen belasten oder sogar in kriminelle Geschäfte hineinziehen. Außerdem hatte mir Mario sehr eindringlich klargemacht, dass ich mich niemandem, wirklich niemandem anvertrauen dürfe. Er ließ offen, was es für Konsequenzen habe, wenn ich mich nicht daran halten würde.

Mir war schon klar, dass ich den größten Mist meines Lebens gebaut hatte, aber das sollten jetzt nicht auch noch meine Familie und meine Freunde ausbaden. Das Geld versteckte ich zu Hause in meinem Schrank hinter den Hemden, ich wusste ja gar nicht, was ich damit anfangen sollte. Völlig verrückt eigentlich, ich brauchte das Geld ja gar nicht dringend, mir ging es gut. Wenn ich heute darüber nachdenke, kann ich nur den Kopf schütteln. Was hatte mich bloß geritten, mich auf solch eine Sache einzulassen?

Immer, wenn ich draußen eine Polizeisirene hörte, geriet ich sofort in Aufruhr und schob Filme. Ich rechnete damit, dass die Polizei jeden Augenblick bei uns klingelte oder dass sie mich einfach so von der Straße holte ... Ich las dann in der Wuppertaler Zeitung, dass man noch keine heiße Spur verfolgte, nach ein paar Tagen wurde ich ein bisschen ruhiger. Trotzdem war es eine schlimme Zeit, ich hatte ständig Paranoia. Nur auf dem Fußballplatz konnte ich für ein paar Stunden vergessen, in welche Lage ich mich gebracht hatte. Wenn ich mit meinen Freunden auf dem Platz stand, koppelte ich mich völlig aus dem richtigen Leben ab, das waren die einzigen angenehmen Stunden des Tages. Zum Glück würde das Training beim Wuppertaler SV bald wieder beginnen, die Saisonvorbereitung stand an. Für den Übergang wollte ich dort erst bei der U21 trainieren, um mich fit zu halten, der Rest würde sich dann schon ergeben.

Für mich stand fest, dass die Nummer in den City-Arkaden der erste und einzige Überfall gewesen war, in den ich verwickelt sein würde. Ich hoffte darauf, dass die Sache früher oder später in Vergessenheit geriet und meine Mittäter mich in Zukunft in Ruhe ließen. Als richtiges Mitglied einer Bande, die derartige Raubzüge auch in Zukunft systematisch plant und ausführt, fühlte ich mich jedenfalls nicht – und auch Mario hatte vor unserem ersten Ding ja immer davon gesprochen, dass es sich nur um eine einmalige Sache handeln würde. Davon wollte er aber schon kurz nach dem Überfall in den City-Arkaden nichts mehr wissen. Er hat sofort wieder Gas gegeben. Schon rund eine Woche später kam er mit einem neuen Plan um die Ecke. Diesmal wollte er einen Postkiosk an der Düsseldorfer Straße ausrauben. Wir saßen wie immer an Tisch acht in Giuseppes Don Camillo & Peppone, dem leicht erhöht auf einer Empore stehenden dritten Tisch am Fenster, als Mario uns sein nächstes »Projekt« präsentierte.

Wieso ich ihm nicht einfach aus dem Weg ging? Gute Frage. Habe ich natürlich versucht. Aber Mario ließ mich nach dem ersten Ding einfach nicht mehr aus den Augen, terrorisierte mich mit Anrufen, passte mich auf dem Sportplatz ab. Er tauchte einfach überall da auf, wo ich mich sehen ließ. Das war fast schon Stalking. Und er kannte ja die Orte in Wuppertal, an denen ich normalerweise abhing. Hätte ich plötzlich nicht mehr ins Don Camillo gehen sollen, dahin, wo alle meine Freunde und meine Mitspieler beim Wuppertaler SV verkehrten? Für Mario, Luka und Giuseppe gehörte ich jetzt zum Team *Überfälle*, das war gar keine Frage mehr. Sie drohten mir nicht offen, hielten mir keine Knarre an den Kopf oder so etwas. Doch subtil übten sie Druck aus. Erwähnten meine Mutter, meine Schwester, meine Freunde, grinsten mich vielsagend an. Und ich wusste: Sie hatten mich in der Hand.

Ich setzte meine ganzen Hoffnungen in jener Zeit darauf, dass ich einen neuen Verein weit weg von Wuppertal finden würde, das hielt ich damals für die beste Lösung. Doch da zeichnete sich erst einmal nichts Vielversprechendes ab – und aus eigener Kraft schaffte ich es nicht, mich Mario zu entziehen. Der Mann hatte die zweifelhafte Gabe, alle Menschen in seinem Umfeld zu manipulieren, und kannte dabei auch keinerlei Skrupel. Dass durch seinen Antrieb eine Menge Menschen ihre bürgerliche Existenz aufs Spiel setzten, brave, bis dahin ehrbare Familienväter zum Teil, kümmerte ihn überhaupt nicht.

»Der Typ im Kiosk weiß Bescheid«, sagte Mario, »die Sache ist bombensicher, da müsst ihr euch keine Gedanken machen. Rein da, Geld kassieren, wieder raus, kein Problem.« Der Text kam mir bekannt vor. Marios krumme Dinger, so viel hatte ich schon gelernt, waren angeblich immer bombensicher. Intuitiv ahnte ich, dass das gar nicht sein konnte, früher oder später wurden doch fast alle Ganoven gefasst. Doch bislang sprachen die Fakten für ihn. Der Überfall auf die Geldbotin von s.Oliver war – auch dank seiner Planung – glatt gelaufen. Es sah nicht so aus, als ob die Polizei uns auf die Schliche kommen würde. Es gab also auch keinen Grund, ihm nicht zu glauben, als er uns im Keller von Don Camillo & Peppone die Einzelheiten unseres nächsten Überfalls präsentierte. In den Keller des Restaurants gingen wir immer dann, wenn es uns an Tisch acht zu heikel wurde, wenn für Marios Geschmack zu viele Ohren um uns herum waren. Aber ich glaube, er liebte auch die Vorstellung, dass wir uns wie richtige Gangster verhielten. Er verlangte immer, dass wir unsere Handys ausschalteten, weil er ständig befürchtete, abgehört zu werden. Das hatte er wohl auch aus dem Kino. (Später sollten wir allerdings gefasst werden, weil wir tatsächlich abgehört wurden.)

In der besagten Postfiliale, in der wir unser nächstes Ding drehen sollten, kannte sich Mario wiederum gut aus. »Ich habe exklusives Insiderwissen«, behauptete er. »Ich kenne den Inhaber des Ladens, das ist ein Freund von mir, der ist eingeweiht.« Es stellte sich heraus, dass Mario selbst einmal dort gearbeitet hatte, bevor er wegen irgendwelcher Betrügereien vor die Tür gesetzt worden war. Diesmal sollte ich nicht allein, sondern zusammen mit Salvatore in den Laden gehen. Salvatore war zwei Jahre älter als ich, ein Bekannter von Mario, den ich bis dahin noch nie gesehen hatte und der übertrieben auf harter Profi-Mafiosi machte, dabei aber ein ziemlich schlechter Schauspieler war.

Unser Job klang theoretisch unkompliziert – reingehen, dem Angestellten möglichst schnell und nachdrücklich klarmachen, dass wir das Geld aus dem Tresor wollen, einpacken, abhauen. Angeblich hatte Marios Quelle behauptet, dass da mehr als 35 000 Euro für uns drin seien. Die Einzelheiten des Plans hatte Mario wieder detailliert ausgearbeitet. Seit einigen Tagen hatte er die Postfiliale beobachtet, wusste, wann der Bus kommen und zu welcher Zeit die benachbarte Bäckerei öffnen würde. Unsere Absicht war, den Jungen kurz vor fünf Uhr zu überraschen, wenn er wie jeden Morgen um die gleiche Zeit den Laden aufschloss. Der Clou war, dass die Mitarbeiter der Postagentur durch einen normalen Hauseingang ins Gebäude gelangten und eben nicht durch den von außen gut einsehbaren Haupteingang. Das sollten wir ausnutzen.

An dem Tag des Überfalls lief alles so wie geplant. Am Tag vorher waren wir unsere Route schon einmal abgefahren und hatten entschieden, extradicke Klamotten anzuziehen, um den Überwachungskameras des Ladens ein Schnippchen zu schlagen. Wir dürften ausgesehen haben wie zwei fette Homeboys in Jogging-Klamotten und mit für unsere Körper auffallend kleinen Köpfen. Der Junge kam tatsächlich um 4:45 Uhr an, genau wie Mario das vorhergesagt hatte. Wir versteckten uns in einem Gebüsch auf der gegenüberliegenden Straßenseite und sprinteten rüber, als er die Tür aufschloss. Wir überwältigten ihn, bevor er sie wieder schließen konnte. Salvatore nahm ihn in den Schwitzkasten und sagte ihm in gespielt gebrochenem Deutsch, dass er ruhig bleiben und uns das Geld geben solle, ihm würde nichts passieren, wenn er keine Schwierigkeiten machte. Der Junge hatte zwar sichtlich Angst, blieb aber ruhig und öffnete auch ohne Widerspruch den Tresor, als Salvatore feststellte, dass sich in der Kasse nur etwas Kleingeld befand. Im Tresor wartete dann tatsächlich der versprochene Jackpot auf uns: mehr als 30 000 Euro. Während ich das Geld in meinen Rucksack stopfte, fesselte Salvatore den Jungen in der Mitte des Ladens auf dem Boden mit Tape und Kabelbinder. Er versuchte es so leicht zu machen, dass er sich nach einiger Zeit selbst befreien und die Polizei rufen konnte. Nicht dass es das, was wir getan hatten, besser machen würde, doch eines möchte ich an der Stelle noch einmal ausdrücklich sagen: Bei dem ganzen Geschwätz von Mario war für mich der wichtigste Punkt gewesen, dass bei den Überfällen niemand verletzt würde und dass keine Waffen im Spiel sein sollten. Das passierte zwar bei unserem nächsten Überfall trotzdem, doch ohne mein Wissen und ganz sicher auch gegen meinen Willen.

An diesem Mittwochmorgen im August aber ging noch alles glatt, und der Angestellte kam mit dem Schrecken davon. Wir verließen den Laden, ohne von Passanten gesehen zu werden, stiegen ruhig zu Luka in das in der Nähe geparkte Auto und fuhren genau wie nach dem ersten Überfall wieder zu mir in meine alte Wohnung nach Elberfeld. Mario wartete dort vor dem Haus schon auf uns. In der leeren Wohnung zählten wir das Geld, kassierten unsere Anteile. Und tschüss. Das war's. Mein Anteil dieses Mal: 7800 Euro. Ich fuhr sofort nach Hause, duschte lange und lag anschließend mit offenen Augen auf dem Bett. Das Geld versteckte ich wieder in meinem Kleiderschrank, damit meine Mutter nicht versehentlich darüberstolperte. Es war verrückt, völlig unwirklich. Ich lag da und dachte: Jetzt bist du endgültig in einer Gang, ein Verbrecher. Krass. Ich fühlte mich wie ferngesteuert, wie ausgeknipst. Nicht eine Minute habe ich mich über das Geld freuen können, nicht darüber, dass unser zweiter Raub auch wieder so glatt gelaufen und wir nicht gefasst worden waren. Ein Zombie war ich, leer und ratlos. Wo sollte das hinführen?

DER DRITTE ÜBERFALL   12

*Planlos in Wuppertal.
Mittwoch, 19. September 2011,
Postkiosk in
Wuppertal-Oberbarmen*

Ein paar Tage nach dem zweiten Überfall saß ich mit meinen Freunden Mo und George in einem Café in Düsseldorf. Plötzlich fuhr ein Polizeiwagen am Café vorbei. Zum Spaß sagte Mo gespielt aufgeregt: »Hey Keita, die Iba3esh sucht dich, die Iba3esh sucht dich.« Iba3esh steht im marokkanischen Straßenslang für die Polizei. Ich bin aufgesprungen und auf die Toilette gerannt, um mich zu verstecken. Völlig verrückt. So weit war es schon mit mir? Ich habe ein bisschen gewartet und bin dann wieder gespielt locker raus zu meinen Jungs. Natürlich war die Polizei längst vorbeigefahren, alles bloß ein kleiner Prank von Mo. Mir war das ziemlich peinlich und ich habe versucht, einfach einen blöden Witz über die Sache zu machen, doch wie ich in diesem Moment reagiert habe, hat auch meine Freunde aufgeschreckt. Ich war ein einziges Nervenbündel. Alle konnten es sehen: Irgendwas schien ganz offenbar mit mir nicht in Ordnung zu sein. Ich fürchtete, dass es nur eine Frage der Zeit war, bis meine Freunde checkten, in welche Lage ich mich gebracht hatte.

In dieser Zeit klappte es dann immerhin endlich mit dem lang ersehnten Probetraining bei einem Profiverein. Der ehemalige Profi und Wuppertaler Trainer Peter Drenks hatte mir einen Kontakt zum FSV Frankfurt vermittelt. Deren erste Mannschaft spielte damals noch in der Zweiten Bundesliga.

Das Probetraining zog sich über vier Tage hin, und eigentlich lief auf dem Platz alles gut. Doch selbst in Frankfurt ließ mich Mario nicht in Ruhe. Ständig rief er an, wollte wissen, wann ich wieder zurückkommen würde, was ich denn so lange in Frankfurt trieb – es war ein Albtraum. Wenn ich mal nicht ans Telefon ging, bombardierte er mich mit SMS. Der Mann entwickelte sich endgültig zu einer Plage.

Trotzdem kam ich in den wenigen Tagen in Frankfurt wenigstens ein bisschen zur Ruhe. Vorher flutete ja unverdrossen das Adrenalin durch meinen Körper, schon nach dem Aufstehen morgens ging das los mit der Paranoia. Ich hoffte in dieser Woche so sehr, dass es mit dem FSV Frankfurt klappen würde, für mich klang das wie die Chance auf einen totalen Neuanfang. Weg von Wuppertal, Mario und all diesen kriminellen Machenschaften. Das alles wollte ich einfach nur noch hinter mir lassen.

Tja. Sollte nicht sein. Frankfurt bot mir zwar einen Vertrag an, ich hätte zuerst bei der U23 spielen und mit den Profis trainieren sollen. Das klang nicht schlecht. Nur die Bezahlung war inakzeptabel. Ich weiß es nicht mehr so ganz genau, aber man bot mir so um die 700 Euro im Monat an. Ich war zwar nicht vordergründig aufs Geld, sondern auf Erfolg aus, aber mit dieser Summe hätte ich in Frankfurt kaum leben können. Ich hätte ja dort auch eine eigene Wohnung gebraucht. Das konnte ich einfach nicht machen, beim besten Willen.

Zurück in Wuppertal drehte Mario gleich wieder am Rad. Er bestellte uns an Tisch acht im Don Camillo & Peppone: Erst wurde gegessen, dann wanderten Giuseppe, Salvatore, Mario und ich wieder konspirativ in den Keller. Marios neuer Plan: wieder eine Postagentur, diesmal in Wuppertal-Oberbarmen. Doch im Keller kam es an diesem Abend zum Streit zwischen Mario und Giuseppe, der zwar beim letzten Raub gar nicht aktiv mitgewirkt hatte, aber offenbar auf seinem Anteil bestand. Das endete damit, dass Mario die Runde auflöste und den dritten

Coup in Oberbarmen offiziell abblies. Doch kaum hatten wir das Don Camillo verlassen, wurden wir von Mario – diesmal allerdings ohne Giuseppe – in seine Privatwohnung gebeten. Dort erklärte uns Mario, dass Giuseppe raus sei und wir den dritten Raub einfach ohne ihn durchziehen würden. Aber kein Wort zu Giuseppe! Salvatore erhielt den Auftrag, einen Ersatzmann zu beschaffen. Das wurde schließlich Murat, ein etwas dubioser Typ, den er offenbar von früher kannte. Noch eine Person mehr, die von mir und meinen Taten erfuhr – kein angenehmes Gefühl.

Der Überfall selbst schien mal wieder unkompliziert zu werden. Mario hatte bereits Vorarbeit geleistet und den Laden in Oberbarmen ausgespäht. »Völlig abgelegen«, meinte er. »Da kommt selten mal einer vorbei, schon gar nicht um diese Zeit.« Der Raub sollte so gegen sechs Uhr morgens über die Bühne gehen. Zwar behauptete Mario diesmal nicht, dass der Besitzer des Postkiosks in den Raub eingeweiht sei, doch er würde den Laden in- und auswendig kennen, da seien keine unangenehmen Überraschungen zu erwarten.

Tatsache war allerdings, dass Mario persönlich am Tag vorher mit Käppi in den Laden spaziert war, um eine Zeitung zu kaufen, und sich bei dieser Gelegenheit sehr lange und sehr verdächtig umgesehen hatte. Das war einer Angestellten komisch vorgekommen, sie erinnerte sich später an den dubiosen Käppi-Mann und meldete ihn nach dem Überfall auch der Polizei. Später in der Gerichtsverhandlung wurden uns die Aufnahmen der Überwachungskamera vorgespielt. Wenn es nicht so traurig gewesen wäre, hätte man über Marios stümperhafte Spionage-Aktion einfach nur herzhaft lachen können.

Überhaupt fühlte sich bei diesem Projekt von Anfang an eine Menge falsch an. Da waren die Streitigkeiten zwischen Mario und Giuseppe, der ja der Einzige war, dem ich von all diesen Menschen vertraute und dem ich inzwischen auch gesteckt hatte, dass Mario ihn angelogen und für den aktuellen

Deal ausgeschlossen hatte. Dann war da Murat, der mir Unbehagen bereitete. Und dann war da schließlich noch die Pistole, die Salvatore plötzlich in der Hand hielt, als wir am 19. September, einem Montag, um fünf Uhr vor dem Postkiosk in Oberbarmen standen. Ein lustiges Detail einer bitteren Geschichte: Als Salvatore und Murat in den Laden stürmten, war Salvatore offenbar so aufgeregt, dass er mit gezogener Pistole in gebrochenem Deutsch rief: »Hände hoch, das ist ein Betrug!«

Ich konnte den Angestellten des Postkiosks in diesem Moment nicht sehen, weil ich ein paar Meter hinter Salvatore und Murat geblieben war, um zu beobachten, was draußen vor der Tür passierte. Doch vermutlich hat der arme Mann ziemlich dumm geschaut. Ich weiß nicht mit Sicherheit, was danach vorne im Laden passiert ist, doch offenbar hat sich der Angestellte geweigert, den Tresor zu öffnen – oder er hatte wirklich keinen Schlüssel. Jedenfalls sagte er später im Prozess aus, er sei geschlagen und fast erwürgt worden. Ich kann das weder bestätigen noch dementieren, ich hatte die Straße im Blick, während Murat und Salvatore versuchten, Beute zu machen. Nach rund zwei, drei Minuten kam dann eine Kundin auf den Laden zu. Ich habe Salvatore und Murat gewarnt, innerhalb von ein paar Sekunden war der Spuk vorbei. Die Kundin des Postkiosks hat uns gerade noch wegrennen sehen. Wir riefen dann Mario auf unserem Fluchtweg schon aus dem Auto an, um ihm zu beichten, dass die ganze Sache ordentlich in die Hose gegangen war. Das Ende vom Lied war, dass wir um sieben Uhr morgens alle kleinlaut bei McDonald›s mit Kaffee um einen runden Tisch hockten, um uns von Mario anpflaumen zu lassen. Wie aus dem Nichts tauchte dann plötzlich auch noch Giuseppe auf, der dann wiederum Mario übel beschimpfte, ihn einen Egoisten und undankbaren Nassauer nannte. Einer, der nicht teilen könne, obwohl er sich jeden Tag für lau in seinem Lokal den Bauch vollschlug. Wirklich unschön, das alles. Wenn der Begriff »ein krummes Ding drehen« jemals seine Berechtigung hatte, dann sicher an diesem Tag bei diesem jämmerlichen Überfall auf eine Postagentur in Wuppertal-Oberbarmen. Das einzige Gute, was man über diesen Tag sagen kann: Salvatore hatte mit seiner Wumme kein Unheil angerichtet ...

DER LETZTE ÜBERFALL 13

*Zu viele Insider.
Mittwoch, 24. September 2011,
Hornbach Baumarkt
in Wuppertal-Lichtscheid*

»Sie wollen ein Schließfach?«, fragte mein Bankberater ungläubig und verkniff sich gerade noch so, genauer nachzufragen: Was wollen *Sie* denn mit einem Bankschließfach? Wir kannten uns schon Jahre. Der Mann vertraute mir und hätte im Traum nicht daran gedacht, dass ich ein Schließfach benötigte, um die Beute aus ein paar Raubüberfällen vor meiner Mutter zu verstecken. Die ganze Aktion war bizarr – und es war auch ziemlich amateurhaft für das Mitglied einer kriminellen Bande. Mein Bankberater wollte natürlich wissen, woher das ganze Geld stammte. Ich erzählte ihm, dass das mein Handgeld vom Fußball wäre, so eine Art Begrüßungsgeld von meinem neuen Verein. Dumm bloß, dass ich damals gar keinen neuen Verein hatte. Mit einer schlichten Google-Suche wäre schnell herausgekommen, dass ich nach wie vor beim Wuppertaler SV spielte. Doch wie gesagt: Ich kannte den Mann schon lange, er schöpfte keinen Verdacht und glaubte mir die Story vom Handgeld ohne Nachfrage. Ich erhielt mein Schließfach und wurde nun endlich das Geld los, das mir seit Wochen ein Loch in die Tasche brannte. Ich hatte auch gar keine Idee, was ich damit anfangen sollte. Okay, ich war shoppen, ich kaufte ein paar Klamotten und neue Schuhe, es fühlte sich merkwürdig an. Ich bin auch schon mal längere Strecken mit dem Taxi gefahren. Ich hatte ja noch keinen Führerschein und war immer auf die öffentlichen

Verkehrsmittel angewiesen oder darauf, dass mich einer meiner Freunde abholte. Ich habe auch einige Male Freunde in der Stadt zum Essen eingeladen und ihnen anschließend etwas von dem Geld angeboten oder Klamotten bezahlt. Das war nicht ungewöhnlich, denn meine Freunde kannten mich als großzügigen Menschen. Sie schöpften keinen Verdacht, auch wenn sie sich manchmal wunderten, woher mein plötzlicher Reichtum stammte. Aber sie kauften mir meine Geschichte von der Abfindung des Wuppertaler SV ebenso ab wie mein Berater bei der Bank. Doch darüber hinaus hatte ich keine Idee, was ich mit dem Geld anfangen sollte – vermutlich, weil ich die Art nicht mochte, wie ich dazu gekommen war.

Mario arbeitete unterdessen schon wieder am nächsten Ding. Und wir reden jetzt über eine ganz andere, eine – nach seinen Maßstäben – höhere Liga. Er hatte sich in der Zwischenzeit wieder mit Giuseppe versöhnt, die Hintergründe kannte ich nicht. Die beiden fassten den Plan, den großen Hornbach-Baumarkt in Wuppertal-Lichtscheid auszurauben. Das war der krasseste Überfall von allen, mit Abstand. Mario und Giuseppe waren wohl auf die Idee gekommen, weil sie den Leiter des Baumarktes aus dem Don Camillo & Peppone kannten. Torsten. Ein sehr netter Mann, Familienvater mit zwei kleinen Söhnen, mit denen ich mich gut verstand. Einer der Söhne von Torsten spielte beim Wuppertaler SV in der Jugend, er war damals vielleicht acht Jahre alt. Mit ihm an der Hand bin ich vor dem Anstoß eines Spiels schon ins Stadion eingelaufen, so gut kannten wir uns. Ich weiß nicht, wie Giuseppe es angestellt hat, seinen Freund von der Schnapsidee mit dem Raub im Baumarkt zu überzeugen – und ihn damit so richtig in die Scheiße zu reiten. Torsten hatte eine Bilderbuchfamilie, eine nette Frau, Kinder, einen prima Job. Ich verstehe bis heute nicht, wie er sich auf solch ein Geschäft einlassen konnte. Andererseits: Ich verstehe es ja auch bei mir selbst nicht. Offenbar sind Mario und auch Giuseppe Meister darin, Menschen zu manipulieren. Zuerst brachten sie Torsten vermutlich ganz harmlos dazu, dass er ihnen verriet, an welchen Tagen in seinem Laden der meiste Umsatz gemacht wurde, wie das Geld abtransportiert wurde und so weiter. Irgendwann stellte Torsten wohl fest, dass er schon viel zu viel ausgeplaudert hatte. Auf dieser Basis setzten ihn Mario und Giuseppe Schritt für Schritt immer mehr unter Druck, bis Torsten schließlich einwilligte. Bei dem »Projekt« ging es um eine stolze Summe: 60 000 bis 80 000 Euro, so Torstens Vermutung, würden an einem guten Wochenende in seinem Baumarkt umgesetzt.

Ich weiß noch, wie wir uns zum ersten Mal alle gemeinsam auf dem Sonnborner Parkplatz neben dem Sportplatz getroffen haben. Es war mir extrem unangenehm, Torsten dort unter die Augen zu treten, ich habe die meiste Zeit den Blickkontakt vermieden und nur stumpf auf den Boden geschaut. Torsten ging es umgekehrt genauso. Wir haben uns voreinander geschämt. Er wusste wohl auch nicht so genau, was er da eigentlich trieb. Er machte auch sofort klar, dass er bei dem Raub selbst auf keinen Fall dabei sein würde. »Ich kann euch sagen, zu welchem Zeitpunkt das meiste Geld im Laden ist«, sagte er. »Aber ich will darüber hinaus nichts damit zu tun haben, das kann ich nicht bringen.« Allerdings gab er Mario und Giuseppe noch einen Tipp: »Mein Stellvertreter Dennis hat momentan ziemliche Geldprobleme. Ich nehme an, dass er bei solch einem Ding mitmachen würde.« Damit lag er richtig.

Der Plan war dann simpel: Dennis würde am Wochenende im Baumarkt Dienst haben und am Samstagabend gegen 20 Uhr auf uns warten, damit wir ihn »überfallen« und fesseln konnten. Er würde dann hinterher bei der Polizei aussagen, dass er von »fünf Russen« überwältigt worden wäre. Vorher sollte er noch alle Kameras im Baumarkt abschalten, während Torsten sich an diesem Tag freinehmen würde. Auch die Mitarbeiterin, die normalerweise mit dem Filialleiter oder seinem

Stellvertreter die Einnahmen zählt, sei kein Problem: »Die schicke ich früher nach Hause!« Auf die Nachfrage, ob man sich denn darauf verlassen könne, dass die Frau auch auf ihn hörte, behauptete Dennis: »Sicher, ich habe ja eine Affäre mit ihr.« Das hätte uns gleich stutzig machen sollen, denn am Ende kam es etwas anders …

Unseren Fluchtweg hatten Giuseppe und Mario bereits wieder akribisch ausgekundschaftet. Zwei Tage vor dem Überfall ist Giuseppe mit mir die Strecke vom Parkplatz auf dem Hornbach-Gelände bis zur Fluchtwohnung abgefahren, am Tag darauf haben wir das mit dem Fahrrad noch einmal simuliert, Giuseppe hat dabei die Zeit gestoppt. Unser Joker war ein schmaler Weg hinter dem Gebäude, auf dem keine Autos fahren konnten. Am Ende dieses Weges sollte uns Luka mit zwei Fahrrädern aus dem Auto lassen – unsere Fluchtfahrzeuge. Originell war das schon, das musste man ihm lassen. Vorgesehen war, dass wir den Tresorraum stürmten, das Geld einpackten, zurück zu unseren Fahrrädern auf dem Parkdeck spurteten und uns von dort auf dem kleinen, schwer einsehbaren Sträßchen vom Acker machten. So weit die Theorie. Leider spielte Daniela, die Mitarbeiterin von Dennis, nicht mit. Offenbar hatte sie den Baumarkt gar nicht verlassen und kam genau in dem Moment in den Tresorraum, als ihr Freund Dennis von uns »überfallen« wurde. Aus dem gefakten Überfall wurde nun ein echter, denn die Frau geriet sofort in Panik und schrie laut um Hilfe, als sie mich und den bewaffneten Salvatore sah. Salvatore hat sie dann überwältigt, gefesselt und an der Wand auf den Boden gesetzt, das passierte innerhalb von vielleicht 30 Sekunden. Dummerweise hatte er sie allerdings direkt an einem stummen Alarm-Button platziert, den sie natürlich in einem unbeobachteten Moment drückte. Ein absurder Fakt: Die Handschellen, mit denen wir Dennis und notgedrungen jetzt auch seine »Freundin« gefesselt hatten, stammten aus einem Wuppertaler Sexshop und waren mit rosa Plüsch verziert. Es kostete Mario viel Überzeugungsarbeit, Salvatore dazu zu bewegen, mit diesen Dingern zu »arbeiten«.

Zum Glück haben wir sofort bemerkt, dass der Alarm ausgelöst worden war, und die ganze Aktion beschleunigt. Unsere Rucksäcke waren ohnehin schon voller Geld, sodass wir Dennis nur noch schnell gefesselt haben und dann auf schnellstem Weg verschwunden sind. Als wir mit unseren Fahrrädern vom Parkdeck aus die kleinen Serpentinenschleifen des Parkhauses runter auf die Straße gefahren sind, konnten wir die blau-weiß leuchtenden Polizeifahrzeuge schon sehen und hören, wie sie auf dem großen Parkplatz auf der anderen Seite des Baumarktes eintrafen, ein Wagen nach dem anderen. Uns begegneten auf der Strecke bis zu unserem kleinen Radweg bestimmt zehn bis fünfzehn Polizeiautos. Sie fuhren einfach an uns vorbei – zwei biedere Radfahrer mit Rucksäcken und gelben Leuchtbändern um die Waden fand man wohl nicht sehr verdächtig. Trotzdem – das war knapp gewesen, das war uns allen klar. Und in Wuppertal brannte natürlich der Hof – der vierte Überfall in wenigen Wochen, keine Spur von den Tätern. In der Stadt rumorte es, die Polizei verschärfte ihre Anstrengungen. Es sollte unser letzter Raubzug gewesen sein, bevor wir aufflogen.

An der Nevigeser Straße. Mit meiner Mutter und meiner Schwester Myriam.

Mit einem Bein im Profifußball. Für den Wuppertaler SV und Borussia Mönchengladbach in der Junioren-Bundesliga.

Auf Abwegen.
Feiern im Klub und Pasta bei
Don Camillo & Peppone.

Fotos aus dunklen Zeiten. Am Posen mit Gucci-Tasche und mit meinem Freund George.

Zwischenstationen. Mit dem Team der JVA Düsseldorf und auf dem Platz für Germania Ratingen.

Im siebten Himmel. In der Luft gegen den Hamburger SV und bei den Fans auf der Tribüne.

DER SPUK IST VORBEI 14

Eine Festnahme wie im Kino.
Der große Frieden.

Am 8. Oktober 2011 wurden wir in Wuppertal festgenommen, 5:01 Uhr morgens. Mein letzter Tag in Freiheit für genau drei Jahre, 11 Monate und 2 Wochen. Das sind die nackten Zahlen. Sie rahmen die schwerste und die härteste Zeit in meinem Leben ein. Fast vier verschenkte Jahre. Und doch wäre ich möglicherweise heute nicht an dem Punkt, an dem ich mich jetzt befinde, wenn ich diese Zeit im Knast nicht erlebt hätte. Verzichtet hätte ich im Nachhinein trotzdem gerne darauf, das ist klar. Aber ich bin in dieser Zeit im Gefängnis über mich hinausgewachsen. Ich musste das auch, um mich und meine Träume mit 22 Jahren nicht bereits aufzugeben. Der 8. Oktober 2011 war der letzte Tag, an dem ich ein Heranwachsender war, ein Jugendlicher, in vielen Dingen vielleicht sogar noch ein naives Kind. Ein Tag, den ich nie wieder vergessen werde.

Im Nachhinein erfuhr ich, dass uns die Polizei nach unserem letzten Überfall auf den Hornbach-Baumarkt bereits ganz nah auf den Fersen war. Zumindest Marios Telefon wurde schon eine ganze Zeit lang abgehört. Was genau dazu geführt hatte, dass Mario in Verdacht geriet – und damit zwangsläufig auch wir, denn wir hingen ja schließlich in dieser Zeit ständig mit ihm zusammen ab und telefonierten häufig miteinander –, ist mir bis heute nicht ganz klar. Ob es damit zusammenhing, dass Mario wegen früherer Betrügereien beobachtet wurde oder ob der Polizei seine Verbindung zu einigen unserer »Opfer« der ersten Überfälle aufgefallen war? Während des Strafprozesses ein paar Monate später kam jedenfalls noch ein weiteres bizarres Detail ans Licht: Die Polizei hatte in unserem »Hauptquartier«, Giuseppes Restaurant Don Camillo & Peppone, sogar eine Wanze installiert. Man hörte uns ab, um zu erfahren, ob wir wirklich die Bande sein konnten, die ganz Wuppertal im Spätsommer und Herbst 2011 in Atem hielt. Vier Überfälle in kurzer Zeit von den gleichen Leuten – so was hatte das beschauliche Wuppertal noch nicht erlebt. Um diese dubiose Serie aufzuklären, waren der Polizei dann auch Mittel recht, die ich vorher nur aus dem *Tatort* oder ähnlichen Krimiserien kannte: Die Ermittler verwanzten unseren Tisch im Don Camillo & Peppone und hörten fortan zu, wenn wir uns bei Pizza und Pasta über Gott, die Welt und den Wuppertaler SV unterhielten. Wenn es um die Details unserer Raubzüge ging, marschierten wir ja in der Regel in den Keller des Restaurants, und der ist, soviel ich weiß, nie abgehört worden. Aber auch ohne Kellerwanze lieferten wir der Polizei wohl genug Gründe, um uns in dieser Zeit engmaschig beschatten zu lassen.

Mario ließ auch nach dem Überfall auf den Hornbach-Baumarkt nicht locker. Wir hatten dort sehr viel Geld erbeutet und hätten eigentlich eine Menge Zeit verstreichen lassen sollen, um die Stimmung in Wuppertal etwas abkühlen zu lassen. Doch Mario gab einfach keine Ruhe, er war wie besessen. Sein nächster Coup – angeblich jetzt aber wirklich der letzte, danach sei mal wieder Schluss mit den Überfällen – war wieder eine Nummer kleiner angelegt: Wir sollten den Geldboten der Fleischerei Kaufmann überfallen, das ist die größte Metzgerei in Wuppertal. Wieder hatte Mario einen Insider aus dem Umfeld des Betriebs am Start, der uns mit den nötigen Informationen füttern würde. Der Plan war, den Geldboten erst auszunehmen, wenn der vorher in allen Filialen der Stadt die Geldtaschen eingesammelt hatte. Dafür brauchten wir natürlich Detailwissen: Streckenverlauf, Uhrzeiten, Verkehrsaufkommen. In der Hinsicht war Mario sehr akribisch. Er heckte das in tagelanger Arbeit auf eigene Faust aus, indem er dem Geldboten auf seiner Tour mehrmals hintereinander unauffällig folgte. Bei der Sache waren nur Luka als Fahrer und ich eingeplant, Salvatore hatte sich in den Urlaub verabschiedet. Das ersparte ihm ein ziemlich traumatisches Erlebnis.

Luka holte mich am Tag des Überfalls bereits kurz vor vier Uhr aus Düsseldorf ab, wo ich bei meiner damaligen Freundin übernachtet hatte. Das war ohnehin alles ziemlich verzwickt an diesem Tag, denn die Mutter meiner Freundin war am Vortag ins Krankenhaus gekommen. Ihr ging es dementsprechend schlecht. Als ich dann mitten in der Nacht abgeholt wurde, fand sie die ganze Aktion überaus merkwürdig, zumal ich ihr keinen triftigen Grund für meinen nächtlichen Ausflug nennen konnte. »Ein Freund steckt in Schwierigkeiten, dem müssen wir helfen«, hatte ich vage zu meiner Rechtfertigung erklärt, aber es war ihr anzusehen, dass sie mir kein Wort glaubte. Ich versicherte ihr zwar, dass ich rechtzeitig zurück sein würde, um sie am späten Vormittag ins Krankenhaus zu begleiten, doch ich glaube, an diesem Tag hat sie spätestens gemerkt, dass da irgendwas nicht stimmte mit mir und meinem Leben.

Schon auf der Fahrt nach Wuppertal beschlich mich ein ganz schlechtes Gefühl. Ich spürte noch mehr als bei all den Überfällen vorher, wie ich mich innerlich gegen unser neues »Projekt« sperrte. Ich hätte, wie schon ganz am Anfang, auf mein Gefühl hören und einfach aussteigen sollen und wieder nach Hause gehen. Aber zu diesem Zeitpunkt steckte ich schon viel zu tief in der Scheiße, es hätte ohnehin nichts mehr gebracht. Die Polizei hatte uns bereits im Visier. Zudem rief Mario ständig an, um uns anzutreiben und mich mit den aktuellen Instruktionen zu versorgen. Treffpunkt war eine Tankstelle an der Carnaper Straße. Von Mario hatte ich die Information, dass der Geldbote dort kurz hineingehen und dabei die Beifahrertür offen lassen würde. In der Zeit, in der er in der Tankstelle war, sollte ich mir meine Maske überziehen und schnell zu seinem Auto laufen, die Tasche mit dem Geld nehmen und so schnell wie möglich wieder abhauen. Theoretisch kein sonderlich komplizierter Plan. Doch als ich schon auf halbem Weg zum Auto des Geldboten gesprintet war, bemerkte ich zwei Autos, die auf den Vorhof der Tankstelle fuhren. Auch auf der Straße war plötzlich recht viel Verkehr. Ich meine, wir reden hier von halb fünf Uhr morgens. Wenn da pro Minute ein Auto vorbeikommt, läuft das schon unter Rushhour. Mir kam dieses muntere Treiben komisch vor. Ich bremste unwillkürlich ab und beobachtete die Szene einen Moment, dann drehte ich mich schnell um und stieg wieder zu Luka ins Auto.

»Irgendwas ist hier faul«, sagte ich zu ihm.

Luka schlug vor, dass wir dem Geldboten trotzdem noch weiter folgen sollten, denn bevor der sein letztes Ziel, die Hauptfiliale der Firma, erreichen würde, hätte er noch einen letzten Stopp vor sich. Das wussten wir von Marios Recherche. »Vielleicht kriegst du da eine bessere Gelegenheit«, sprach mir Luka Mut zu. Wir fuhren von Wuppertal-Oberbarmen auf die Autobahn und an der Ausfahrt Katernberg wieder von der Autobahn ab. An der Kreuzung hinter der Autobahnausfahrt waren erneut ungewöhnlich viele Autos unterwegs, acht bis zehn bestimmt, alle schön verteilt auf den unterschiedlichen Fahrbahnen.

»Ey, wir haben kurz vor fünf«, sagte ich zu Luka, »da stimmt doch was nicht!« Luka winkte nur ab.

»Was soll hier nicht stimmen, bist du dicht? Die Leute fahren bloß zur Arbeit.« Wir also weiter hinter dem Fleischerei-Geldboten her, bis der in die Friedrich-Ebert-Straße einbog und dort anhielt. Wir parkten mit einigem Abstand gegenüber und beobachteten die Lage. Ich war nicht sicher, was ich jetzt tun sollte, für diese Situation gab es ja keinen Plan. Also rief ich Mario an und fragte ihn, ob ich jetzt trotzdem noch aussteigen und versuchen sollte, dem Geldboten die Tasche zu entreißen. Ich war dagegen, die Situation erschien mir viel zu unübersichtlich. Mario wollte aber nichts von meinen Bedenken hören, er wollte das nur noch durchziehen. Er schrie mich durchs Telefon an, »Mach das jetzt, mach das jetzt!« (Dieses Gespräch sollte mir Monate später im Verlauf des Prozesses vor Gericht noch einmal sehr helfen, denn wer hier die Befehle in der Bande erteilte und wer sie nur ausführte, wurde in diesem kurzen Telefonat sehr deutlich …)

Ich hatte nicht mehr viel Zeit, um über Marios Befehl nachzudenken. Das Nächste, was ich nach unserem Telefonat aus den Augenwinkeln wahrnahm, war ein fetter Sandhandschuh, der durch die Scheibe auf der Beifahrerseite des Autos auf meinen Kopf zugeschossen kam. Unwillkürlich zuckte ich zurück, sodass mich der Handschuh nur leicht am Kinn berührte. In diesem Moment fuhr natürlich auch Luka aufgeschreckt zu mir herum, um zu sehen, woher der Krach und die Glassplitter kamen – und im nächsten Moment hatte auch er einen Sandhandschuh im Gesicht. Bei ihm allerdings flog der voll auf die Zwölf, sodass er gleich bewusstlos in seinen Sitz sackte. Mein Gefühl hatte mich also nicht getrogen: Das waren keine braven Schichtarbeiter auf dem Weg zur Arbeit gewesen, die ich da wahrgenommen hatte – das waren alles Polizisten bei einem verdeckten Einsatz. Später erfuhren wir: Es handelte sich um ein Sondereinsatzkommando der Polizei. An diesem Morgen waren 150 Beamte aus dem Bett getrieben worden, um uns auf frischer Tat zu überwältigen. Hundert! Fünfzig! Mann! Krass. Bevor mich ein paar der SEK-Beamten aus dem Wagen zerrten und mit Kabelbindern fesseln konnten, war ich noch geistesgegenwärtig genug, mir meine Sturmmaske, die ich wie eine normale Mütze trug, in den Nacken meines Hoodies zu stecken. Dann stand ich aber auch schon breitbeinig vor Lukas Wagen, die Hände auf dem Rücken fixiert, und starrte ins Wuppertaler Dunkel. Ein Polizist meinte zu mir: »Versuch besser gar nicht erst wegzulaufen, wir wissen, wer du bist – dann müssen wir dir in die Beine schießen, das war's dann mit dem Fußball.«

Krass. Das war's jetzt also.

Natürlich ist man in solch einem Moment voller Emotionen: Angst, Niedergeschlagenheit, Wut, Verzweiflung – alles mischt mit, und zwar im Bereich Überdosis. So eine Festnahme ist ein harter Schock, wenn du von einer Sekunde auf die andere plötzlich von der Polizei umstellt wirst und weißt: Jetzt hast du ein Riesenproblem. Bilder von meiner Mutter, meiner Freundin, meiner Familie und meinen Freunden rasten durch meinen Kopf, totale Konfusion. Bis hierhin kann das wohl jeder nachvollziehen, der nur ein bisschen Fantasie hat. Doch dieser Schock, diese Aufregung deckten nur einen Teil meines Innenlebens ab. Der andere Teil – und ich würde behaupten, dass es sich dabei sogar um den größeren Teil handelte – war erleichtert. Ja, ernsthaft: Erleichtert. Erlöst. Ich kann das nicht besser ausdrücken. Meine letzten Wochen waren die Hölle gewesen. Ich hatte dumme Entscheidungen getroffen, fremde Menschen bedroht und erschreckt und die Menschen, die mir wichtig waren, verraten. Ich fühlte mich von Tag zu Tag mieser, ich wollte eigentlich nur, dass meine Tage als Kleinganove mit Bandenanschluss irgendwie vorbeigehen würden. Und jetzt stand ich da und lehnte mit gefesselten Händen an einem Auto, blickte in den noch dunklen Himmel über Wuppertal und dachte: Endlich. Endlich ist dieser ganze Mist vorbei. Egal, was ab jetzt passiert: Alles ist besser als dieser Druck, diese Scham und diese Angst, die dich in den letzten Wochen ständig begleitet haben. Ich fand da an diesem 8. Oktober 2011 um 5:01 morgens zum ersten Mal seit langer Zeit meinen Seelenfrieden wieder. Wenigstens für einen Moment. Das war kein dauerhafter Zustand, das behaupte ich nicht, denn dazu waren die kommenden Jahre emotional viel zu aufreibend. Aber in diesem Moment der Festnahme, dort auf der Friedrich-Ebert-Straße in Wuppertal, dachte ich einfach nur sehr oft hintereinander: Endlich. Endlich. Endlich.

HINTER GITTERN

U-Haft. Verhöre. Das Versprechen.

Die ersten 72 Stunden nach der Festnahme kann ich heute noch minutiös nacherzählen. Sie gehören zu den Ausnahmemomenten im Leben, die man nie wieder vergisst. Zeitweise sah ich mir selbst aus der Vogelperspektive dabei zu, wie ich erst ins Wuppertaler Polizeipräsidium auf der Friedrich-Engels-Allee gebracht wurde und mich in eine Zelle setzen musste, einen kargen, zehn Quadratmeter großen Raum. Nach einigen Stunden des Wartens – das macht man wohl so, um unerfahrene Ganoven wie mich weichzukochen – wurde ich in einen Verhörraum gebracht, in dem schon zwei Kriminalbeamte auf mich warteten. Hier drin gestand ich auf Nachfrage zwar all die Überfälle, die mir zur Last gelegt wurden, darüber hinaus aber nichts. Die Beamten machten auf verständnisvoll, so im Stile von »wie ich als Fußballer meine Karriere denn bloß so dumm aufs Spiel setzen konnte« und so weiter. Sie versprachen mir, dass für mich alles einfacher werden würde, wenn ich jetzt kooperierte und weitere Angaben zu den Überfällen machte. Ich schüttelte nur den Kopf. Nicht ohne einen Anwalt. Das sind die vermeintlichen Vorteile, die man mit auf den Weg bekommt, wenn man so wie ich in einer schwierigen Gegend aufgewachsen ist: Man weiß, wie man sich in solchen Situationen zu verhalten hat. Straßenschläue ... Heute denke ich anders darüber, weil mir meine Haltung damals sehr geschadet hat, doch wie gesagt: Ich war jung und ich machte mir die Welt so, wie sie mir gefiel ...

Während ich die unterschiedlichen Etappen im Ablauf einer Festnahme absolvierte, dachte ich immer wieder, okay, so ist das also wirklich, *so* fühlt sich das an, wenn man im Schweinsgalopp durch die Krimi-Routine gepeitscht wird, die man bislang nur aus dem Fernsehen kannte. Krass. Ich wurde fotografiert von allen Seiten – das berühmte Verbrecherfoto. Man fotografierte auch all meine Tattoos, wollte wissen, was es mit ihnen auf sich hatte. Das Essen bestand aus trockenem Schwarzbrot, warmem Wasser und einem grauen Schmierkäse, der in Papier eingepackt war. Die Beamten fragten mich bei jeder Vernehmung – und das waren einige –, ob ich nicht lieber auspacken wolle. Ich müsse doch Hunger haben. Was stimmte, denn das Brot und den Schmierkäse hatte ich nicht angerührt. Sie boten an, was von McDonald's holen zu lassen, wenn ich mit ihnen sprechen würde. Von McDonald's?! Echt jetzt? Wenn es nicht ein so erbärmlicher Moment gewesen wäre, hätte ich darüber herzlich lachen können.

Am nächsten Tag wurde ich dem Haftrichter vorgeführt. Inzwischen hatte man mir einen jungen, ganz sympathischen, aber, wie sich herausstellen sollte, sehr unerfahrenen Pflichtverteidiger zur Seite gestellt. Ich hatte auch bereits einmal kurz mit meiner Freundin telefonieren dürfen, die sich mit meiner Mutter, meiner Schwester Myriam und vielen meiner Freunde im Eingangsbereich des Gebäudes eingerichtet hatte. »Mach dir keine Sorgen«, versicherte ich ihr, »ich komme hier bald wieder raus, dann erkläre ich euch alles.« Das dachte ich wirklich. Ich nahm an, dass ich gegen eine relativ geringe Kaution entlassen werden und dann später mit der Ableistung von Sozialstunden davonkommen würde. Schließlich hatte ich zum ersten Mal Scheiße gebaut. Dass die Staatsanwaltschaft bewaffnete Überfälle in Bandenorganisation nicht unbedingt mit »ein bisschen Scheiße bauen« gleichsetzen würde, ahnte ich damals noch nicht.

Auch die Szene vor dem Haftrichter hatte eine gewisse Kinoqualität. Der Richter kannte meinen Namen, wusste, dass ich Fußballer war, und schüttelte den Kopf. »Ich habe zuerst gedacht, das kann nur einer aus seiner Familie sein, als ich Ihren Namen las, aber dass Sie selbst hier auftauchen …« Der Mann hatte wohl ein gewisses Interesse an Fußball, jedenfalls schien er mich nicht gleich auffressen zu wollen wie die Staatsanwältin. Sie musterte mich feindselig von oben bis unten mit einem Gesichtsausdruck, als habe sie es mit Hannibal Lector persönlich zu tun. Mir war schon klar, dass ich Mist gebaut hatte und dass ich hier definitiv nicht unschuldig vor ihr stand, aber die abschätzigen und hasserfüllten Blicke, die sie vom ersten Moment an auf mich richtete, fand ich dann doch übertrieben.

Ich beteuerte vor dem Richter, dass ich all meine Taten gestehen würde, dass sie mir leidtaten und ich den größten Fehler meines Lebens begangen hätte. Dass ich aber andererseits so etwas nie wieder tun wollte und bitte, bitte auf Kaution freigelassen werden müsse, um das auch unter Beweis stellen zu können. Tatsächlich schien der Richter nicht abgeneigt zu sein.

»Haben Sie denn jemanden, der Ihre Kaution stellen könnte?«

Hatte ich. Ich verwies auf den Vereinspräsidenten des Wuppertaler SV, Friedhelm Runge. Zu dem hatte ich ein gutes Verhältnis, er würde das wohl machen, wenn die Summe einen vertretbaren Rahmen nicht überstieg.

»Wie viel können Sie denn auftreiben?«

»Vielleicht 50 000 Euro?«, antwortete ich unsicher.

»Das können Sie vergessen, auf keinen Fall«, bellte die Staatsanwältin dazwischen, »das akzeptiere ich nicht.«

Auch mit 100 000 Euro war die Frau nicht einverstanden. Bei Weitem nicht.

»Herr Keita-Ruel ist ein verwöhnter Junge«, sagte sie stattdessen, »ich glaube, dass er in der Untersuchungshaft erst einmal besser aufgehoben ist.«

Formal war sie dann zwar doch im Prinzip mit einer Kaution einverstanden, allerdings in einer Höhe, die völlig unrealistisch war. Eine Million Euro. Solch eine Summe würde gerade wohl niemand für mich aufs Spiel setzen wollen – abgesehen davon, dass ich ohnehin keinen Menschen kannte, der über so viel Geld verfügte. Es sah so aus, als ob ich die nächsten drei Monate bis zur ersten Haftprüfung hinter Gittern bleiben würde.

Gleich nach der Verhandlung wurde ich vom Polizeipräsidium in die JVA Vohwinkel gebracht. Wieder so eine bizarre Situation: Ich war der einzige Passagier in einem grauen Bus der Polizei, in dem man durch mattierte Scheiben nach draußen blicken konnte. Von außen war der Bus nicht einzusehen. Man wollte den Häftlingen wohl ersparen, so richtig an den Pranger gestellt zu werden. In dem Bewusstsein, dass das wohl für längere Zeit das letzte Mal sein dürfte, dass ich einen Blick in die Freiheit werfen konnte, wies selbst Wuppertals in der Regel eher dröges Stadtbild plötzlich eine Menge reizvolle Seiten auf. Mir wurde wieder ein Stück klarer, in welche Lage ich mich gebracht hatte.

In der JVA angekommen, erwartete mich das übliche Begrüßungsritual für Neulinge. Ich wurde von Kopf bis Fuß gefilzt, während man sich über meinen Kopf hinweg über mich unterhielt. Dass jetzt der große Fußballer Keita-Ruel bei ihnen zu Gast sei, spotteten sie, und dass sie hofften, dass die bescheidenen Einrichtungen der JVA meinen hohen Ansprüchen gerecht würden. Ich musste mich nackt ausziehen und vor eine Wand stellen. Dann sollte ich mich umdrehen und nach vorne beugen: »Und jetzt mal husten!«

Ich wusste, dass man auf diese Weise herausfinden wollte, ob ein Gefangener Drogen oder andere Utensilien in seinem After in den Knast einschleusen wollte und dass solch ein Vorgehen keine persönliche Schikane war, sondern zur Standardroutine gehörte. Trotzdem war es einer der erniedrigendsten Momente in meinem Leben. Stellen Sie sich mal nackt mit den Augen zur Wand, bücken Sie sich und husten dazu laut vor ein paar Männern, die gleichzeitig über Ihr verpfuschtes Leben spotten. Sie werden es auch nicht mögen, das kann ich Ihnen versichern.

Anschließend überreichte man mir eine große Plastikschüssel mit Tellern, Besteck und Tassen, schließlich auch die blaue Anstaltskleidung. Meine eigenen Kleider musste ich abgeben. Schließlich wurde ich in meine Zelle gebracht. Zelle 13 im Haus A 3, in der Sicherheitsabteilung für Schwerverbrecher, strenge Einzelhaft. 10 Quadratmeter Tristesse mit offener Toilette inklusive. Das würde in den nächsten Monaten meine Heimat sein. Meine Zelle war mit einem grünen Punkt gekennzeichnet. Das hieß, dass ich als besonders gefährlich eingestuft wurde und dass immer mindestens zwei Beamte meine Zelle aufschließen mussten. Ich hatte zwar bei den Überfällen nie körperliche Gewalt angewendet, aber beim Thema »Bandenkriminalität« gab es diese Gefährdungseinstufung automatisch. Außerdem durfte ich in der ersten Zeit in der JVA keinen Kontakt zu anderen Häftlingen haben. Selbst die tägliche Freistunde konnte ich nur auf einem kleinen, separaten Hof machen. Aus einem vergitterten Fensterchen in der Zelle konnte ich so gerade noch einen kleinen Ausschnitt des Hofes einsehen, den die »normalen« Gefangenen für ihren Ausgang benutzten. Mario und meine anderen Komplizen sah ich dort nicht: Man hatte sie zwar alle zeitgleich mit mir festgenommen, auch Salvatore, Murat und Torsten, den Geschäftsführer des Hornbach-Marktes. Aber die Polizei war nicht so dumm, uns alle in die gleiche JVA zu stecken, wo wir womöglich unsere Aussagen absprechen konnten. Ich habe sie alle erst viel später im Prozess wiedergesehen. Giuseppe übrigens war der Einzige von uns, den man nicht verhaftet hatte. Er war bei den Überfällen nie dabei und offenbar zuerst auch nicht auf dem Schirm der Kripo gewesen. Das sollte sich im Verlauf der Ermittlungen aber leider ändern …

Am ersten Abend in der JVA lag ich lange schlaflos auf der Matratze in meiner Zelle und dachte über mein Leben nach.

Über meine Kindheit, die Freunde, meine Familie und all die Fehler, die ich gemacht hatte. Mein ganzes Leben spulte ich im Kopf ab wie einen Kinofilm bis zu dem Moment, in dem ich mich gerade befand, meinem persönlichen Tiefpunkt. Ich fragte mich, ob das jetzt wirklich schon alles gewesen sein sollte, ob ich wirklich kampflos akzeptieren wollte, dass ich mein Leben in den Sand gesetzt hatte. Das war der zweite Moment nach meiner Festnahme in Wuppertal, in dem ich plötzlich von einem Gefühl des Friedens und der Zuversicht erfüllt wurde, das überhaupt nicht zu meiner Situation zu passen schien. Aber ich kann es nicht anders beschreiben: In diesem Moment wusste ich einfach, dass ich den Kampf zurück nach draußen in die richtige Welt aufnehmen, dass ich mich nicht geschlagen geben würde. Ich hatte in diesem Moment ja keine Ahnung, dass es so lange dauern sollte, bis ich wieder ein freier Mann sein würde. Vermutlich hätte mich dieses Wissen auch ziemlich demoralisiert. Doch in dieser ersten Nacht in Wuppertal-Vohwinkel gab ich mir selbst das Versprechen, an meinem großen Traum festzuhalten. Dafür würde ich von nun an – anders als noch in den letzten Jahren – wirklich alles geben. ALLES. Glaubt mir jemand, dass ich danach ganz ruhig einschlief und wie ein Baby bis zum nächsten Morgen schlummerte? Hätte ich vermutlich auch nicht getan – stimmt aber.

16 ICH KOMM BALD RAUS (NICHT)

Knastroutine. Küche, Sport, Freunde – und der Schrecken dieses Ortes.

Ich hatte Glück. In den ersten Tagen im Gefängnis kümmerte sich Ibo um mich, ein marokkanischer Zwei-Zentner-Ochse, den ich von früher kannte. Seine Cousins kickten auf dem Bolzplatz in Wuppertal, auf dem ich auch unterwegs war, wir hatten uns damals ein wenig angefreundet. Ibo (kurz für Ibrahim) war zu dem Zeitpunkt schon zweieinhalb Jahre in der JVA Vohwinkel. Er war gut vernetzt, kam mit allen gut klar und arbeitete in der Küche als Vorarbeiter, was zu den beliebtesten Jobs zählt, die man im Knast haben kann. »Mach dir keinen Kopf«, versicherte er mir in einer Freistunde, »ich zeig dir, was du hier brauchst und wie das hier drin funktioniert.« Sogar eine Stelle in der Küche wollte Ibo mir beschaffen. Ich lernte schnell, dass die Alltagsrealität im Gefängnis nichts mit dem spektakulären (und brutalen) Bild zu tun hatte, das in Filmen und im Fernsehen davon gezeichnet wird. Klar, es kam manchmal zu Schlägereien, es gab Drogen, es liefen unsaubere Deals – aber im Großen und Ganzen gestaltete sich das Leben hier drin nicht direkt wie in »Prison Break«. Sogar duschen konnte man, ohne Angst davor haben zu müssen, dass einem die Seife auf den Boden fiel … Das Problem beim Duschen war eher, dass man sich beeilen musste – nach sieben Minuten ging das Wasser aus, egal, ob man da noch mit Shampoo auf dem Kopf unter dem Duschkopf turnte.

Die ersten Tage war ich natürlich trotzdem angespannt, vor

allem, als ich zum ersten Mal auf meine Mitgefangenen traf. Das war ja alles neu für mich und ich kannte den Verhaltenskodex des gemeinen Knackis noch nicht. Als ich nach drei Wochen zum ersten Mal mit allen anderen in die Freistunde durfte, gab ich ihnen aber erfolgreich zu verstehen, dass ich keinen Stress wollte. Ich blieb auch in zwei, drei brenzligen Situationen cool, sodass ich mich schnell in den normalen Haftalltag integrieren konnte. Auch dank Ibo natürlich, der mich schützte und sich für mich einsetzte, wo immer er konnte. Schon nach drei Wochen wurde ich aufgefordert, eine Blutprobe abzugeben, um die Genehmigung zu erhalten, in der Küche zu arbeiten. Das war natürlich gleich aus zwei Gründen gut – hier drin war man näher an den Lebensmitteln, was im Knast nicht ganz unwichtig sein kann. Zudem wurde die Arbeit in der Küche gut bezahlt – also nach dem Maßstab der Löhne, die hier sonst üblich waren.

Meine Anwältin

Nach einigen Tagen in der JVA traf ich meine Anwältin zum ersten Mal. Die hatten meine Freunde mir besorgt. Meine Güte, die Frau pflegte einen Auftritt wie ein Bulldozer. Bescheidenheit gehörte auf jeden Fall nicht zu ihren Tugenden. Ich erfuhr, dass sie in Düsseldorf ein paar spektakuläre Fälle vor Gericht verhandelt hatte. Außerdem hatte sie in einer Fernsehserie sich selbst gespielt. Trotz ihres Auftritts war mein erster Eindruck von ihr eher positiv – zumindest in professioneller Hinsicht. Ich brauchte ja jemanden, der sich für mich starkmachte, der selbstbewusst und dominant meine Position vertrat. Die Frau war der Chef, das machte sie gleich klar. Mit meinem netten und schüchternen Pflichtverteidiger allein würde ich nicht weit kommen, so dachte ich jedenfalls. Im Nachhinein muss ich allerdings sagen: Ihr Auftritt stand in keinem Verhältnis zu den Ergebnissen, die sie für mich erzielte. Und nebenbei war

sie auch noch sauteuer. Aber das hätte ich gleich wissen können. Ich gebe mal unser erstes Gespräch wieder. Was heißt Gespräch, es ist mehr ein Monolog:
»Guten Tag, Herr Keita-Ruel, ich bin beauftragt worden, Sie juristisch zu vertreten. Akteneinsicht kostet schon mal fünftausend Euro, den Rest besprechen wir danach. Sind Sie damit einverstanden?«
Äh. Okay.
Hatte ich eine Wahl?
Sie hat mir dann gleich knallhart erklärt, dass sie keine Haftprüfung anstrebt. Ich solle geduldig sein und mich mit dem Gedanken anfreunden, ein paar Monate im Gefängnis zu bleiben. »Haftprüfung macht wenig Sinn, es sind zu viele Leute in die Anklage involviert, die werden Sie nicht rauslassen.« Dazu kam, dass ich nicht bereit war, mit der Polizei zu kooperieren. Das war so ein innerer Stolz, der mir das verbot: Ich war bereit, über meine Taten zu sprechen, aber ich wollte nicht der sein, der »auspackt«. Das kann man im Nachhinein natürlich als Fehler ansehen, zumal ja ohnehin schon viele Details der Überfälle bekannt waren. Salvatore hatte vom ersten Moment an mit der Polizei zusammengearbeitet, um selbst so glimpflich wie möglich aus der Sache rauszukommen. Die Strategie meiner Verteidigerin war also, mich so lange wie möglich in der U-Haft zu behalten, vor Gericht zu beweisen, dass ich nur eine Art Handlanger in der Bande gewesen sei und dass ich mit dem Tag des Urteils freigelassen werden würde, Stichwort »Haftverschonung«. Ich war immerhin Ersttäter. Sie wollte allerdings alles versuchen, damit der Fall in Düsseldorf verhandelt wurde. Wuppertal galt als strenger, dort wurden viel höhere Strafen ausgesprochen. »Wenn ich Sie in Düsseldorf vor Gericht bringe, dann hole ich Sie mit drei Jahren auf Bewährung da sofort raus, in Wuppertal könnten es fünfeinhalb bis sechs Jahre werden.« Das alles sagte mir die Frau bei unserem ersten Treffen. Ich war schockiert. So langsam realisierte ich, dass ich

so bald nicht wieder aus dem Gefängnis freikommen würde. Andererseits hoffte ich, dass sie wenigstens recht hatte mit der Annahme, dass ich am Tag des Urteils das Gericht ohne Handschellen verlassen würde. Ein Wechselbad der Gefühle. Ich nahm mir vor, so schnell wie möglich stabil im Kopf zu werden und mich darauf einzustellen, dass meine Knastzeit länger dauern könnte als ursprünglich erhofft. Von den Sozialstunden, von denen ich in meiner Naivität geträumt hatte, konnte ich mich nach dem Auftritt meiner neuen Verteidigerin allerdings ein für alle Mal verabschieden.

Besuche

Nach einigen Wochen verstand ich so langsam, wie das Leben hinter Gittern funktionierte. Zur Außenwelt aber hatte ich zu dieser Zeit überhaupt keinen Kontakt mehr. Da mir die höchste Sicherheitsstufe zugewiesen worden war, durfte ich zwar Briefe schreiben und erhalten, die wurden aber vorher von Justizbeamten gelesen und im Einzelfall auch zensiert. Besuch erhielt ich nach ein paar Wochen zum ersten Mal. Ich wurde in einen Raum an einen Tisch geführt, an dem leicht links versetzt schon ein Beamter saß. Die Vorgabe war, dass ich mit meinem Besuch nicht über die Taten und ihre Zusammenhänge sprechen durfte, dann wäre er sofort eingeschritten. Das war schon krass, als meine Mutter, meine Schwester und meine Freundin zum ersten Mal diesen Raum betraten. Ich habe versucht, ihnen ein gutes Gefühl zu vermitteln, hab gesagt, dass ich stark bin im Kopf, dass sie sich keine Sorgen zu machen brauchen und dass ich sowieso bald rauskäme. Das habe ich bei jedem Besuch gesagt, egal wer bei mir auftauchte – ich wollte meine Familie und meine Freunde ja aufmuntern, ihnen ein wenig Hoffnung machen, obwohl ich wusste, dass es so einfach nicht sein würde mit meiner Entlassung.

Die Besuche waren trotzdem schwer zu ertragen. Meine Mutter, meine Schwester und meine Freundin weinten regelmäßig. Das hat mich sehr beschäftigt damals, weil ich registriert habe: Denen geht es noch schlechter als mir. Natürlich haben mir ihre Besuche Kraft gegeben, aber sie haben mich gleichzeitig auch gequält.

Schwer war auch, dass wir nur so allgemeines Blabla machen durften, immer unter Beobachtung. Zweimal im Monat durfte ich von jeweils maximal drei Leuten besucht werden. Das führte natürlich dazu, dass ich einige meiner Freunde in den ersten Monaten gar nicht mehr sah, weil meine Familie und meine Freundin die wenigen Besuchszeiten wahrnehmen wollten, die mir zustanden. Trotzdem befand ich mich im Knast verglichen mit vielen anderen Insassen in einer privilegierten Situation. Ich hatte den Eindruck, dass bestimmt 90 Prozent aller Insassen in der JVA von ihren Freunden und auch von ihrer Familie bitter enttäuscht wurden. Sie verloren nicht nur ihre Freiheit, sie verloren alles, sie verloren jeden Halt außerhalb des Gefängnisses. Sie wurden einfach im Stich gelassen. Das war krass zu sehen, wenn ich zum Beispiel zu den üblichen Besuchszeiten in den Warteraum geführt wurde, in dem sich die Gefangenen, die Besuch erwarteten, versammelten. Wenn mein Besuch eingetroffen war, wurde ich von Beamten abgeholt und zu ihnen gebracht. Wenn ich dann später wieder in den anderen Raum zurückkehrte, saßen oft immer noch dieselben Männer da wie vor Stunden. Das war ein herzzerreißender, trauriger Anblick. Ihr Besuch war einfach nicht gekommen. Ich versuchte mir vorzustellen, was so was mit mir gemacht hätte. Die Besuche meiner Familie und meiner Freunde haben mich zwar einerseits belastet, mir aber auch immer zu verstehen gegeben: Da draußen sind Leute, die auf mich warten, die an mich glauben, die mich mit aller Kraft unterstützen. Ich war ihnen dankbar, das gab mir unheimlich viel Kraft. Ohne sie, das ahne ich, wäre es schwer gewesen, immer stabil zu bleiben und an meiner »Resozialisierung« zu arbeiten, wenn ich das mal so nennen darf.

Die lief natürlich auch über den Sport. Ich hatte mir vorgenommen, so schnell wie möglich mit dem Training zu beginnen. Ich wollte vorbereitet sein, falls ich überraschend doch schneller in die Freiheit entlassen werden würde. Nach drei Wochen nahmen mich die Sportbeamten der JVA, Bornemann und Stockum, schon mit in die Sportgruppen, obwohl ich das zu diesem Zeitpunkt noch gar nicht gedurft hätte. Das waren zwei sehr korrekte Männer, mit denen ich mich sofort gut verstand. Am Anfang konnte ich zwei- bis dreimal in der Woche trainieren, jeweils für eine Stunde und 15 Minuten, aber im Laufe der Zeit wurde es immer mehr. Fußball, Kraftarbeit im Gym oder Tischtennis, das waren die Disziplinen. Am Ende meiner Wuppertaler Zeit durfte ich dann sogar jeden Tag Sport treiben, weil man mir abkaufte, dass ich mich hinter Gittern wieder fit machen wollte für meine Karriere draußen.

Der Sport war sehr wichtig, doch es waren die wenigen guten Momente in einer schwierigen Zeit. Ich hatte die Strafe angenommen, ich wusste, dass ich nicht ohne Grund hier gelandet war. Und das machte es schwer, sich nicht unterkriegen zu lassen: von einem bleiernen Wochenende hinter Gittern, davon, dass einem die wertvollsten Dinge verwehrt bleiben. Über lange Strecken hat es gut funktioniert, ich hatte ein Ziel. Doch natürlich gab es auch Phasen, in denen ich zu kämpfen hatte. Phasen, in denen ich spürte, dass ich kein selbstbestimmtes Leben mehr führte. Phasen, in denen ich einfach nur ohnmächtig mitansehen musste, was da draußen geschah.

Der Prozess

Rund sieben Monate nach meiner Verhaftung wurde endlich der Termin für die Hauptverhandlung angesetzt. Es war meiner Anwältin nicht gelungen, den Prozess nach Düsseldorf zu verlegen, die Urteile sollten durch das Wuppertaler Landgericht gefällt werden. Für Wuppertaler Verhältnisse war das ein spektakuläres Ereignis, die Zeitungen berichteten von jedem einzelnen der folgenden 27 Prozesstage. Ich hatte auf Anraten meiner Anwältin beschlossen, vor dem Gericht so seriös wie möglich aufzutreten, und ließ mir von zu Hause einen Anzug bringen. Nicht die beste Idee, wie sich später herausstellen sollte.

Am ersten Tag wurde ich mit dem grauen Polizeibus von der JVA zum Landgericht gebracht. Ich war aufgeregt, natürlich war ich das. Aber ich versuchte nach Kräften, es mir nicht anmerken zu lassen. Der Beamte, der mich in einem Nebenraum des Gerichtssaals in Empfang nahm, wollte wohl ein bisschen Small Talk machen und sagte mir jovial, dass er mich noch als Spieler beim Wuppertaler SV gesehen habe und wie dumm ich gewesen sei, das alles aufs Spiel zu setzen. Das waren jetzt nicht genau die Worte, die mich so kurz vor meinem wichtigen Prozess lockerer gemacht hätten. Mario und die anderen Mitangeklagten waren bereits im Gerichtssaal, als ich aufgerufen wurde. Der Beamte fragte mich, ob ich eine Zeitung oder einen Anorak haben wollte, um mein Gesicht vor der Presse zu verdecken, wenn ich jetzt gleich in den Gerichtssaal gerufen würde. Ich lachte bloß arrogant: »Das hier ist Wuppertal, wie viel Presse wird da schon vor Ort sein? Außerdem bin ich den Umgang mit den Medien gewöhnt.«

Der Mann zuckte mit den Achseln. Wenn ich nicht wollte … Ich weiß nicht, ob ich in diesem Moment meine Unsicherheit mit Arroganz überspielen wollte oder ob dieser Mann durch seinen gönnerhaften Kumpelton meinen Trotz provoziert hat.

Es war auf jeden Fall die falsche Entscheidung. Als ich in den Gerichtssaal geführt wurde, prasselte ein Blitzlichtgewitter auf mich ein, als sei heute Oscar-Verleihung und ich Tom Hanks. Oder von mir aus Denzel Washington. Der Gerichtssaal war so voll wie eine Tribüne im Stadion. Ausverkauft sozusagen. Ich erkannte meine Mutter, meine Schwester, meine Freundin im Publikum, dazu die Hälfte meiner Wuppertaler Mannschaft und den Großteil meiner Freunde. Ich war nicht vorbereitet auf die Wucht dieses Augenblicks. Ich weiß nicht, was ich erwartet hatte, aber solch ein überwältigendes, Furcht einflößendes Szenario sicher nicht. Zu allem Überfluss wurde ich – als Person des öffentlichen Interesses – etwas abseits meiner Mitangeklagten in der Nähe des Richters und seiner Schöffen platziert, sodass mich die Medien einzeln ohne Rücksicht und Sichtschranke durch andere Angeklagte nach Herzenslust abschießen konnten. Von wegen, es ist nur die Lokalzeitung und vielleicht WDR regional vor Ort … In Wahrheit waren alle TV-Sender da, Sat.1, ProSieben, RTL, der WDR sowieso, aber auch das Erste und das ZDF. Von den Zeitungen mal ganz abgesehen, sogar überregionale Presse war vertreten. Mir wäre so viel bundesweite Aufmerksamkeit in Zusammenhang mit meinen fußballerischen Fähigkeiten lieber gewesen. Ich wurde zu meiner Anwältin an den Tisch geführt und spürte schon, dass sich in meinem Kopf alles drehte. Mir war plötzlich so schlecht, ich fürchtete, ich würde mich im nächsten Moment übergeben müssen. Ich sagte meiner Anwältin, dass sie den Prozess sofort unterbrechen solle, ich müsse dringend auf die Toilette. Das war natürlich ein bizarres Bild, dass ich kaum zehn Sekunden nach meinem dramatischen Einzug in den Saal auch schon wieder hinausgeführt wurde, aber es ging nicht anders. Als ich von der Toilette zurückkehrte, wieder halbwegs ruhig und gefasst, erwartete mich mein Beamter schon an der Tür. Mit leisem Spott in der Stimme sagte er: »Ich dachte, Sie sind den Umgang mit den

Medien gewöhnt, Herr Keita-Ruel?« Ich hatte es nicht anders verdient.

Der Prozess entwickelte sich dafür in den nächsten Wochen genau so, wie meine Anwältin und ich uns das erhofft hatten. Große Überraschungen waren ja ohnehin nicht zu erwarten, denn die Taten waren unstrittig und alle Angeklagten geständig. Es ging jetzt hauptsächlich um die Frage, wer der Boss der »Big Boy«-Bande gewesen sei. Das ist vielleicht ein guter Moment, um mit diesem »Big Boy«-Quatsch aufzuräumen. Die BILD-Zeitung hatte den Namen aufgegriffen, weil Mario mich irgendwann mal in einer SMS oder in einem Telefonat – was durch die Abhörprotokolle der Polizei öffentlich gemacht wurde – so genannt hatte. »Big Boy, das Spiel geht gleich los!« – so oder ähnlich hatte es Mario wohl formuliert. Doch das war nur ein einmaliger Einfall, ein flüchtiger Gag gewesen, niemand da draußen in der Welt nannte mich so. Auch Mario, Giuseppe, Luka oder Salvatore taten das eigentlich nicht. Es war für die Presse einfach ein dankbares Label, um möglichst spektakulär über mich und den Fall Keita-Ruel berichten zu können. Natürlich hat dieser Ausdruck mir geschadet, denn er legte ja den Verdacht nahe, dass ich der Boss der Truppe gewesen sei. Ich meine, wonach klingt »Big Boy« denn auch sonst?

Mario passte das natürlich gut in seine Strategie. Er hatte die Beteiligung an den Überfällen zwar auch zugegeben, doch vor Gericht bekräftigte er die Aussagen, die er schon bei den Vernehmungen der Polizei gemacht hatte. Demnach sei ich der Kopf und Planer der Bande gewesen. Er habe zudem richtig Angst vor mir, weil ich über meine weitreichenden Kontakte einen libanesischen Familienclan in seiner JVA angestachelt habe, ihn mundtot zu machen. Völlig absurd, das alles, wenn man die wahre Geschichte Marios kennt. Doch zum Glück kam er mit seinen Märchen vor Gericht nicht sehr weit. Seine Aussagen waren wenig glaubwürdig und widersprachen den Aussagen von Zeugen und uns anderen Angeklagten. Außerdem sprachen die Abhörprotokolle der Polizei eine deutliche Sprache. Nach einigen Prozesstagen spürte Mario wohl, dass es keinen Sinn machte, weiter auf mich zu feuern. Gericht und Staatsanwaltschaft glaubten mir, dass ich nur Marios akribisch ausgearbeitete Pläne ausgeführt hatte und dass er die treibende Kraft hinter all den Beutezügen gewesen ist. Doch Mario wäre nicht Mario, wenn er nicht mitten im Rennen noch einmal die Pferde gewechselt hätte. Plötzlich behauptete er, Giuseppe sei der Boss, ja der Pate hinter all unseren Vergehen gewesen, schließlich sei sein Lokal ja auch das Hauptquartier unserer Bande gewesen.

Ich ahnte zu diesem Zeitpunkt noch nicht, dass mir dieser Twist in Marios Strategie noch einmal richtig Ärger bereiten würde. Giuseppe war bisher unter dem Radar der Polizei geflogen. Sein Name war zwar immer wieder einmal gefallen, doch meistens im Zusammenhang mit seinem Restaurant. Es war unstrittig, dass er uns kannte und hin und wieder auch mit uns zusammensaß, doch auf die Idee, dass er möglicherweise an den Überfällen beteiligt sein sollte, war bislang noch niemand gekommen. Das änderte sich natürlich, als Mario ihn ins Spiel brachte. Ich blieb bei meiner Aussage, dass Giuseppe nichts von alledem gewusst habe. Er war schließlich mein Freund, der Trainer meines Bruders, Familienvater – ihn wollte ich möglichst aus der ganzen Sache raushalten. Leider schoss Giuseppe in diesen Tagen dann ein Eigentor, wie ich später erfuhr. Er hatte in seinem Restaurant eine der Zeuginnen aus dem s.Oliver-Überfall erkannt und versucht, sie zu einer Falschaussage zu bewegen. Die Zeugin hatte sich nicht darauf eingelassen, im Gegenteil – sie informierte die Polizei, sodass nun auch Giuseppe festgenommen wurde. Die Staatsanwaltschaft eröffnete ein separates Verfahren gegen ihn, wovon ich aber damals nichts wusste.

Als das Prozessende näher rückte und die Schlussplädoyers vorbereitet wurden, nahm meine Anwältin mich beiseite. Sie wies mich darauf hin, dass ich in der Presse durch mein

Auftreten im Prozess kein gutes Bild abgeben würde. Plötzlich war mein seriöser Auftritt, kombiniert mit meiner ernsten und wortkargen Art, ein Problem. Die Presse schrieb, ich zeigte keine Emotionen, die Haft würde mir nichts ausmachen und ich würde das alles so cool wegstecken wie ein Berufsverbrecher. Unterschwellig wurde sogar angedeutet, dass niemand mir meine Reue abkaufte.

Im Nachhinein weiß ich, dass wir schon mit der grundsätzlichen Strategie im Prozess falschlagen: Ich wäre besser in Sneakers und im Hoodie vor Gericht erschienen und hätte nicht künstlich auf seriös und erwachsen machen sollen. Erstens spielte ich dadurch ohnehin nur eine Rolle und zweitens war ich ja wirklich zur Tatzeit noch ein Heranwachsender. Man hätte mich vielleicht sogar nach dem Jugendstrafrecht be- und aburteilen können, dann wäre mein Urteil wohl wesentlich glimpflicher ausgefallen. Dazu war es jetzt aber zu spät. Die letzte Möglichkeit, das Gericht noch einmal in meinem Sinne zu beeinflussen, war ein emotionaler Auftritt am Tag des Schlussplädoyers.

Ich bin kein Typ, der auf Kommando weinen kann. Ich zeige meine Gefühle nicht gern öffentlich, das passt nicht zu mir. Andererseits wollte ich mir vor Gericht meine Chancen auf eine faire Behandlung nicht dadurch kaputt machen, dass ich cooler und härter rüberkam, als ich wirklich war. Schließlich bereute ich meine Taten – und wenn ich das durch eine kleine Trickserei auch glaubwürdig zum Ausdruck bringen konnte, dann würde ich diese Gelegenheit auch ergreifen. Am Tag vor unserem Schlussplädoyer besorgte ich mir in unserer Gefängnisküche ein wenig Chayenne-Pfeffer. Das war gar nicht so einfach, denn Pfeffer gilt innerhalb der JVA als Waffe – wenn du einem Beamten Pfeffer in die Augen bläst, sieht der in den nächsten Minuten nichts mehr. Darauf basierte meine Idee, die ich am nächsten Tag vor Gericht umsetzte: Ich steckte mir etwas Chayenne-Pfeffer lose in die Hosentasche, befeuchtete meine

Finger und rieb mir eine gute Ladung Chayenne-Pfeffer in die Augen, während ich mit gesenktem Kopf und den Händen vor dem Gesicht dem Schlussplädoyer meiner Anwältin zuhörte. Es funktionierte. Meine Augen brannten wie verrückt, Tränen liefen mir über das ganze Gesicht. Die Zeitungen schrieben am nächsten Tag, ich sei sehr emotional gewesen, am Boden, fertig mit der Welt und dass ich wohl am Ende doch noch realisiert habe, in welche Lage ich mich gebracht hatte. Das war zwar einerseits Quatsch, weil das Ergebnis einer großen Show. Doch andererseits auch überfällig und richtig, denn ich hatte meine Lage schon vor Monaten richtig analysiert und die entsprechenden Schlüsse daraus gezogen: Ich hatte Scheiße gebaut, ich bereute meine Taten aus ganzem Herzen und ich würde so etwas nie wieder tun. Wenn man etwas Chayenne-Pfeffer dazu benötigte, um diese Botschaften in die Welt zu tragen, dann ist er mir jederzeit willkommen.

Das Urteil

Ich will hier nicht mit langen juristischen Details langweilen. Nur kurz: Es wurde mit der Staatsanwaltschaft ein Deal ausgehandelt, der vorsah, dass wir Angeklagten unsere Strafen nach der Zahlung einer Kaution in unterschiedlichen Formen des offenen Vollzugs ableisten durften. Das war das Wichtigste. Ich würde, so sah es aus, einen Vertrag beim Wuppertaler SV bekommen, um dort weiter zu spielen, und müsste mich abends wieder in der JVA einfinden, zumindest zu Beginn. Ähnliche Absprachen galten für meine Mitangeklagten. Mario erhielt sechs Jahre Haft, die Staatsanwaltschaft hatte für ihn acht Jahre gefordert. Bei mir sah das schon anders aus: Die Staatanwaltschaft forderte sechs Jahre, fünfeinhalb Jahre lautete schließlich mein Urteil. Salvatore kam mit drei Jahren Haft davon, weil er von Beginn an mit der Polizei kooperiert hatte.

Ich legte zwar nach Absprache mit meiner Anwältin Revision gegen mein Urteil ein, weil das Strafmaß uns zu hoch erschien, aber im Grunde waren mir die Begleitumstände des Urteils egal. Wichtig war nur, dass der Deal in Kraft trat, der mir ermöglichte, mein Leben außerhalb des Gefängnisses wieder aufzunehmen – jedenfalls überwiegend.

Nach dem Ende des Prozesses wurde ich wieder in die JVA nach Vohwinkel gebracht. Auf der Fahrt dorthin schaute ich mir das Wuppertaler Leben vor dem Busfenster nach langer Zeit wieder in dem glücklichen, ja fast euphorischen Gefühl an, bald wieder dazuzugehören. *Wie* bald das sein würde, war aber offenbar noch unklar. Mario und Salvatore waren bereits im offenen Vollzug, wie ich hörte, während ich selbst in der JVA Vohwinkel wie auf heißen Kohlen saß und auf den Tag der »Freilassung« wartete. Es vergingen zwei Wochen, drei Wochen, nichts passierte. Dann erhielt ich plötzlich eine Vorladung. Sie betraf den Prozess gegen Giuseppe, ich war als Zeuge vorgeladen. Ich machte mir keine großen Gedanken darüber, was sollte schon passieren. Ich würde bei meiner Aussage bleiben, um »meinen Freund« Giuseppe nicht zu belasten, das war's. Ich hatte ja keine Ahnung ...

Giuseppe hatte in der U-Haft die Nerven verloren und ein umfassendes Geständnis abgeliefert. In dem hatte er auch mich belastet und zugegeben, dass ich ihn vor Gericht systematisch geschützt hatte. Davon wusste ich nichts, als ich am Tag der Verhandlung ins Gericht gebracht wurde. Ich wunderte mich nur, dass Giuseppe jeden Augenkontakt mit mir vermied. Als mich der Richter fragte, ob Giuseppe in die Raubüberfälle verwickelt sei, antwortete ich arrogant, das sei nicht der Fall, das hätte ich ja jetzt schon häufiger zu Protokoll gegeben und man solle mich jetzt endlich mal aus dem Gefängnis freilassen, statt mir weiter dumme Fragen zu stellen. Ich machte wohl ein bisschen zu viel auf Macker, weil ich wirklich nicht verstand, warum es so lange dauerte, meinen Deal umzusetzen. Der Richter setzte seine Brille ab und fixierte mich mit einem für mich unergründlichen Gesichtsausdruck: »Herr Keita-Ruel, sind Sie wirklich sicher, bleiben Sie bei Ihrer Aussage?« Das kam mir jetzt schon ein wenig komisch vor. Ich schaute rüber zu Giuseppe, doch der fixierte nur den Boden unter seinen Füßen. Also wiederholte ich in selbstgerechtem, genervtem Ton: »Ja, das sagte ich doch schon, Giuseppe hat damit nichts zu tun.«

Der Richter machte ein kurze Pause, dann sagte er ruhig: »Herr Keita-Ruel, ich darf Ihnen mitteilen, dass der Angeklagte bereits vor Wochen ein Geständnis abgelegt hat, über alle Überfälle informiert und zum Teil auch daran beteiligt gewesen zu sein. Sie haben uns seit Monaten an der Nase herumgeführt. Sie sollten, nachdem Ihre Karriere als Fußballer nun vorbei ist, über eine Zukunft in Hollywood nachdenken, denn als Schauspieler sind Sie wirklich gut.«

Ich dachte in diesem Moment, dass mir einhundertundzehn Ohrfeigen auf einmal verabreicht würden. Ich wurde leichenblass und wäre fast nach hinten weggesackt. Mir war klar, dass mein Deal mit der Staatsanwaltschaft nun gestorben war. Ich sah, wie die Staatsanwältin mich spöttisch musterte. Sie hatte mich von Anfang an auf dem Kieker gehabt, für sie muss dieser Tag eine unglaubliche Genugtuung gewesen sein. Als ich an diesem Nachmittag zurück in die JVA gefahren wurde, habe ich nicht ein Mal aus dem Fenster geschaut.

17

TRENNUNG

*So ist das Leben.
Von gesunden und nicht so
gesunden Reaktionen.*

Als ich im Oktober 2011 verhaftet wurde, war ich ungefähr drei Jahre mit meiner damaligen Freundin zusammen. Es widerstrebt mir hier, ihren richtigen Namen zu verwenden. Nennen wir sie Olivia. Wir hatten uns im Tor 3, einem Klub in Düsseldorf, in den ich damals manchmal ging, auf einer Hip-Hop-Party kennengelernt. Über MySpace schrieben wir uns damals einige Male hin und her. Die Älteren unter uns kennen MySpace ja vermutlich noch – das war, bevor Facebook, Twitter und Instagram die Weltherrschaft übernahmen. Wir waren einige Male in Düsseldorf aus, beim Brasilianer in der Innenstadt zum Beispiel, und ich weiß noch, dass ich sie nur einmal angelogen hatte: Ich machte mich zwei oder drei Jahre älter, weil ich Angst hatte, dass sie nichts mit einem jüngeren Mann zu tun haben wollte. Doch als ich es ihr erzählte verstand sie es und lachte. Es entwickelte sich gut mit uns.

Sie arbeitete damals in Düsseldorf als Modedesignerin, lernte meine Freunde und meine Familie kennen. Wir hatten überwiegend eine gute Zeit miteinander, auch wenn sie am Ende manchmal ein wenig unzufrieden zu sein schien, als es mit meiner Karriere und meinem Leben nicht so richtig voranging. Sie wollte wohl eine klarere Perspektive. Doch abgesehen von den üblichen Turbulenzen, die ein Paar in diesem Alter eigentlich immer durchlebt, lief es eigentlich gut für Olivia und mich. Ich konnte mir vorstellen, dass aus uns eine ernste Sache wurde, wenn sie das nach drei gemeinsamen Jahren nicht schon war.

Meine Verhaftung änderte alles. Nicht nur, dass wir uns nicht mehr sehen konnten, wenn man von den rundum beobachteten Besuchen im Gefängnis absah. Es war auch schwer, auf einen Tag X in ferner Zukunft hin zu leben, ohne dass man diesen Tag auch nur annähernd zeitlich eingrenzen konnte. Es wurde nicht einfacher, nachdem mein Prozess vorbei war. Wir hatten unsere ganzen Hoffnungen auf diesen Termin gesetzt, Olivia saß jeden Tag im Gerichtssaal und hoffte auf ein mildes Urteil. Vergeblich. Fünfeinhalb Jahre, das war knackig. Zumal der Deal, im offenen Vollzug zumindest zeitweilig aus dem Gefängnis rauszukönnen, durch meine Falschaussage im Prozess gegen Giuseppe hinfällig wurde. Offiziell begründete man die Weigerung, mich in den offenen Vollzug zu überstellen, mit meiner Fluchtgefahr. Das kam mir in meinem Fall absurd vor – wo hätte ich im Zeitalter der globalen Transparenz erfolgreich und unbemerkt Fußball spielen können? Und etwas anderes kam für mich ja nicht infrage. Doch ich konnte mir meine Behandlung ohnehin schon nicht mehr erklären: Alle meine Mittäter waren schon draußen. Und ich, der Einzige mit einer vernünftigen Sozialprognose, mit einer intakten Familie und vielen Freunden im Rücken, mit einem vernünftig dotierten Vertrag als Fußballer, der sollte im Gefängnis bleiben? Als Ersttäter zudem? Ich konnte es nicht verstehen. Und ich wusste ja auch: Jeder Tag hinter Gittern war ein verlorener Tag in meinem Leben. Für meine Beziehung mit Olivia waren das keine guten Entwicklungen. Und tatsächlich: Olivia hielt etwas länger als ein Jahr durch, dann trennte sie sich von mir.

Angedeutet hatte sich das schon länger. Ich erfuhr von meinem Freund Stefano, der in der Düsseldorfer Szene gut vernetzt war, dass Olivia in dieser Zeit viel feiern ging. Ich habe mir zuerst nichts dabei gedacht, sie war ja auch noch eine junge Frau, warum soll sie nicht feiern gehen? Zu der Zeit haben wir uns immer Briefe geschrieben – die ich inzwischen über Dritte verschickte, damit sie nicht von Fremden gelesen und zensiert werden konnten –, in denen wir uns versicherten: Wir stehen das zusammen durch! Das war, so dachte ich, unsere gemeinsame Mission. Warum sollte ich an ihr zweifeln?

Ich versprach ihr immer wieder, dass ich mich geändert hätte, dass ich, wenn ich wieder draußen sein würde, nicht länger mein Talent verschleudern, sondern alles dafür tun würde, meine Karriere fortzusetzen und ihr ein guter Mann zu sein. Außerdem habe ich ihr bei jedem Besuch das Gefühl vermittelt, dass ich mit dem Leben im Knast klarkommen, dass ich meine Ziele nicht aus den Augen verlieren würde. Mag sein, dass viele andere Menschen im Knast kaputtgehen, aber ich gehörte ganz sicher nicht zu ihnen. Da war ich ganz sicher. Das waren nicht nur hohle Versprechungen aus Angst, sie zu verlieren. Ich war wirklich bereit, für meine Ziele hart zu arbeiten. Aber es gab noch ein anderes Problem, das nur indirekt mit mir zu tun hatte. Ich verfügte ja über einen großen Bekannten- und Freundeskreis. Und meine Leute kontaktierten nach meiner Festnahme natürlich alle Olivia und wollten wissen, wie es mir geht, was ich im Knast mache, ob ich gut klarkäme. Alles drehte sich um mich, niemand fragte danach, wie es ihr ging. Immer wieder hat Olivia sich darüber beschwert, das hat sie offenbar sehr getroffen und wurde langsam »zu viel für sie«, O-Ton Olivia.

Ihre Strategie gegen dieses Störgefühl: Party. Nach einigen Monaten häuften sich die Nachrichten meiner Freunde, die Olivia beim Feiern in Düsseldorf getroffen hatten. Dann hieß es auch schon mal, sie hätte was mit diesem Fußballer oder auch mit einem anderen, sie sei mit verschiedenen Männern gesehen worden.

Valentinstag 2013 spitzte sich das Ganze dann zu. Sie hatte mir vorher schon geschrieben, dass wir bei ihrem nächsten Besuch ernsthaft miteinander reden mussten. Sie sei in keiner guten Verfassung und so weiter. Ich dachte, okay, klar können wir reden, aber ich ahnte schon, dass es kein fruchtbarer Dialog sein würde, der mir bevorstand. Im Vorfeld ihres Besuchs hatte ich einen Knacki aus der Tischlerei gebeten, einen Bilderrahmen aus Holz für mich herzustellen, in den ich ein gemeinsames Foto von mir und Olivia stecken wollte. Auf den Holzrahmen sollte er kleine Herzen löten. Außerdem hatte ich meinen Freund Julien gebeten, eine Halskette bei Tiffany für sie zu besorgen.

Am Tag ihres Besuches hatte ich den Holzrahmen dabei. Da ich aber unterschwellig schon ahnte, dass dieser Besuch möglicherweise nicht sehr harmonisch verlaufen würde, ließ ich den Bilderrahmen erst einmal umgedreht neben mir auf dem Tisch liegen, sodass Olivia ihn nicht sehen konnte. Das war auch besser so. Ihr Monolog begann in Minute eins unseres Treffens. Mit Tränen in den Augen teilte mir Olivia ihren Entschluss mit, dass sie die Sache mit uns beenden müsse, weil wir uns, ich zitiere wörtlich *auseinandergelebt* hätten. Genau diesen Ausdruck hatte ich noch Tage vorher in Bezug auf Rafael van der Vaart und seiner Frau Sylvie im Promi-TV gehört, er kam mir ein wenig affig vor und passte auch überhaupt nicht zur normalen Ausdrucksweise von Olivia. Obwohl ich realisierte, was sie da gerade tat, musste ich schmunzeln. Es war keine aufgesetzte Coolness oder sogar der Versuch, mich über sie lustig zu machen, aber in diesem Moment musste ich einfach lachen. Sicher unpassend, aber: auseinandergelebt? *Really?* Doch sie beharrte darauf und wiederholte immer wieder weinend: Ich kann das nicht mehr, diese Beziehung hat mir das Herz gebrochen, ich kann das nicht mehr. Nach 20 Minuten reichte es mir. Ich hatte die Botschaft verstanden. Sie ließ mich im Stich. Olivia redete und weinte in einer Tour, ich drang mit meinen Worten überhaupt nicht zu ihr durch. Ich stand auf, donnerte den Bilderrahmen mit der Faust an die Wand und sagte zu meinem Aufpasser: »Bringen Sie mich schnell wieder zurück in meine Zelle.« Ich war schon fast aus dem Raum, als ich mich noch einmal zu meiner nun Ex-Freundin umdrehte und sagte: »Ich schwöre auf alles, was mir heilig ist: Das wirst du noch irgendwann bereuen.« Das war natürlich ein dramatischer Abgang, aber ganz ehrlich: Ich glaubte jedes Wort davon. Ich habe ihr dann später noch einmal einen langen Brief geschrieben, weil ich das Bedürfnis hatte, mit etwas Abstand noch einmal etwas zu unserer Trennung zu sagen. Danach hakte ich dieses Thema für immer ab. Tatsächlich war dieser Besuch im Knast das letzte Mal, dass ich Olivia gesehen habe.

Natürlich können einsame Menschen im Gefängnis an Geschichten wie dieser kaputtgehen. Wer seinen letzten Halt da draußen in der Freiheit verliert, sieht oft keinen Grund mehr weiterzumachen, Ich war glücklicherweise vor solchen düsteren Gedanken geschützt, weil ich auf jedes vorstellbare Szenario vorbereitet war. Es ist eine Frage der Einstellung: Wenn du dich auf den *Worst Case* einstellst und im Kopf damit klarkommst, dass dir immer das Mieseste passieren kann, das gerade möglich ist, dann wird es dich nicht mehr hart treffen und aus der Bahn werfen können. Vorausgesetzt natürlich, dass du ein Ziel hast, das du erreichen willst, komme, was da wolle. Diese Perspektive hatte ich, und die konnte mir auch keine Frau wegnehmen. Diese Perspektive war nur *meine* Sache, war *mein* Ziel, und der Einzige, der mir helfen konnte, es wirklich zu erreichen (oder eben nicht), war ich selbst. Ich war gewillt, vielleicht zum ersten Mal in meinem Leben, Verantwortung für mich selbst zu übernehmen.

Dass ich beinahe täglich Briefe von Freunden erhielt, die mich unterstützten, und dass sich bei jedem Besuchstermin Leute einfanden, die sich freuten, mich zu sehen, half natürlich. Ich war nicht allein – dieses Wissen gab mir Kraft. Hätte ich weder ein Ziel im Leben noch meine Freunde und meine Familie im Rücken gehabt, wer weiß – vielleicht hätte ich den gleichen Entschluss gefasst wie Benjamin, der eine Zeit lang in der Zelle neben mir lebte. Wir waren ungefähr gleich alt und hatten einen ähnlichen Musikgeschmack, manchmal machten wir Umschluss – wir ließen uns zusammen in *eine* Zelle einschließen – und hingen ab. Er erzählte mir davon, dass er oft Stress mit seiner Freundin hatte und dass er seine kleine Tochter vermisst. Eines Abends kam er niedergeschlagen von der Besuchszeit wieder, ich habe gleich gemerkt, dass da etwas nicht stimmte. Wir trafen uns dann wie häufig zuvor am Fenster und redeten miteinander. Wir konnten uns nicht sehen, aber durch die nebeneinanderliegenden offenen Fenster gut verständigen. Wir redeten lange, denn Benjamin ging es nicht gut. Seine Freundin hatte sich gerade heute von ihm getrennt und ihm gebeichtet, dass sie einen neuen Typen hatte. Für Benjamin brach eine Welt zusammen. Ich hatte Mühe, ihn wenigstens ein bisschen aufzurichten und ihm Mut zu machen. Ich sagte ihm, er müsse jetzt stark bleiben, schon allein für sein Kind, er hatte zu dem Zeitpunkt ja auch nur noch sechs Monate zu sitzen. Bevor ich einschlief, dachte ich noch lange über unser Gespräch nach. Ich konnte seine Verzweiflung verstehen. Sechs Monate vor deiner Freilassung trennt sich deine Freundin von dir? Das war hart.

Am nächsten Morgen schloss die Beamtin mit dem Frühstückstablett in der Hand erst meine und dann seine Tür auf, wo sie wie angewurzelt stehen blieb und konsterniert in die Zelle schaute. Ich schaute um die Ecke: Der Kollege saß nicht an seinem Tisch, er lag auch nicht auf seinem Bett. Er hatte sich am Fensterkreuz aufgehängt, mit einem Gürtel, offenbar schon vor Stunden. Es war ein furchtbarer Anblick. Eines der Bilder, die ich nie wieder aus dem Kopf bekommen werde. So sah das reine Unglück aus. Ich denke heute noch manchmal an diesen armen Kerl zurück, wenn ich mich selbst über eine Kleinigkeit aufrege. Es hilft mir, *meine* Probleme richtig einzuordnen. Damals im Knast wusste ich nach dieser Tragödie umso mehr, dass ich mich nicht über mein Schicksal beklagen durfte. Ich war aus eigener Schuld hier gelandet und trotzdem hatten mich meine Leute nicht im Stich gelassen. Um mich herum sah ich viele Gestrandete, die auf solch eine Unterstützung nicht zählen konnten. Manchmal hingen sie dann irgendwann an Fensterkreuzen, wenn die Verzweiflung zu groß geworden war. Der Knast ist ein furchtbarer, ein dunkler Ort. Wer etwas anderes erzählt und insgeheim einen Reiz, etwas »Cooles« in dieser Parallelgesellschaft entdecken kann, hat einfach keine Ahnung.

George Amartey
»Mich nervte er damals extrem.«

Mit 15 lernten sich George »Boogie« Amartey und Daniel Keita-Ruel in Düsseldorf auf dem Sportplatz kennen. Heute sind sie beste Freunde – und George auch Daniels Berater.

Ich kenne Keita schon aus Düsseldorfer Zeiten in der U15, da hat er mal Probetraining bei uns gemacht. Er war ziemlich gut und wir wollten ihn haben, aber er ist damals beim Wuppertaler SV geblieben. Obwohl wir nie zusammen gespielt haben, hat sich aus diesem Treffen eine enge Freundschaft entwickelt, bis heute. Es vergeht kaum ein Tag, an dem wir nicht voneinander hören. Seit einiger Zeit bin ich zusammen mit Omar Afkir in Omars Agentur 100and10 Sportmanagement *auch sein Berater und sehr eng dran an Keita. Da stellt sich natürlich die Frage: Wie konnte es passieren, dass ich von seinem Absturz 2011 nichts mitbekommen habe, bis er festgenommen wurde? Tja, schwer zu sagen. Im Nachhinein könnte man die Zeichen wohl deuten. Aber da ich Keita nur als loyalen, lebenslustigen Typen mit einem extrem guten Kern kannte, habe ich mir solch eine Entwicklung einfach nicht vorstellen können. Klar, er hatte damals eine schlechte sportliche Phase, es ging irgendwie nicht voran für ihn. Profipläne in Frankreich hatten sich zerschlagen und seine Zukunft in Wuppertal in der Regionalliga war unklar und nicht unbedingt vielversprechend. Außerdem – und das ist meine persönliche Meinung – war er zu dieser Zeit mit einer Frau zusammen, die etwas älter war als er und vom Leben ein paar Dinge mehr erwartete. Diese Ansprüche konnte Keita damals nicht erfüllen. Das nervte ihn natürlich. Er war ohnehin – und das meine ich nicht böse – ein Typ, der gerne ein bisschen auf Show machte, immer gut angezogen war, auf seinen Style achtete. Dazu kommt, dass er außerhalb des Fußballplatzes immer leicht zu beeinflussen war. Das war natürlich die beste Voraussetzung für diese schlimmen Kreise, in die er dann hineingezogen wurde.*

Andererseits war er als Freund immer da, wenn man ihn brauchte. Mir ging es eine Zeit lang nicht so gut, ich war dauernd verletzt, in der Phase hat er mir extrem geholfen, hat mich aufgebaut und unterstützt, wo er konnte. Im Sommer 2011, als die ganzen Überfälle passierten, war er zwar nicht so gut drauf und er verhielt sich auch einige Male ganz merkwürdig in der Öffentlichkeit, doch ich und auch seine anderen guten Freunde hatten bis zuletzt keinen Schimmer, was mit ihm los war. Wir trafen uns ja meistens in Düsseldorf im Restaurant oder in einer Shisha-Bar. Wenn Keita dann abends zurück nach Wuppertal fuhr, umgab er sich mit ganz anderen Leuten. Erwachsene Männer wie Giuseppe, den wir zwar aus seinem Restaurant kannten, aber von dem wir nie gedacht hätten, dass er in kriminelle Machenschaften verwickelt sein könnte. Das war wie eine Parallelwelt, in die Keita damals hineingeriet. Klar gab es seltsame Vorfälle. Er war mal mit einem Freund von uns beiden in Roermond in Holland zum Shoppen, da hat er sich Geld geliehen und kurze Zeit später in Kleingeld-Rollen zurückgezahlt. Das war schräg. Oder dieser Tag, an dem er mich zu Hause in Düsseldorf mit dem Taxi abholte, um mit mir in der City shoppen zu gehen. Mit dem Taxi aus Wuppertal? Hallo? Das war nicht normal. Klar habe ich nachgefragt, aber er hatte immer eine gute, na ja: halbwegs plausible Antwort. Dass der Wuppertaler SV ihm eine hohe Abfindung bezahlt habe zum Beispiel. Okay, dachten wir, der WSV muss das Geld ja locker sitzen haben. Wir hatten halt keinen Grund, an Keita zu zweifeln, auch wenn uns das schon komisch vorkam, wie er plötzlich anfing, Gucci-Sachen und anderes Markenzeug zu horten.

Als ich von seiner in Tränen aufgelösten Schwester Myriam schließlich erfuhr, dass man Keita verhaftet hatte, war ich völlig konsterniert. Keiner wusste, was er getan haben sollte, auch Myriam und Keitas Mutter hatten von der Polizei keine Einzelheiten erfahren. Ich hielt das alles zuerst für einen Irrtum. Oder vielleicht hatte man ihn ohne Führerschein in dem kleinen Peugeot seiner Mutter erwischt, mit dem er schon mal kurze Strecken zum Supermarkt fuhr. Erst seine Freundin berichtete uns ein paar Tage später, was wirklich passiert war. Dass wir geschockt waren, ist wohl die Untertreibung des Jahres. Die engsten Freunde Keitas haben sich sofort zusammengesetzt und beratschlagt, was wir machen können, und haben uns erst mal um einen Anwalt bemüht. Leider war unsere Wahl – eine recht teure und im Umland sehr bekannte Anwältin – im Nachhinein ein Reinfall. Eine Riesenwelle machte die, aber mit nichts dahinter. Von einem Bekannten, der sich mit so etwas auskannte, hörten wir auch zum ersten Mal, was Keita bevorstand. »Sechs, sieben Jahre kriegt euer Freund«, erzählte der uns, »bei bewaffnetem Raubüberfall kennen die keinen Spaß.« Wir glaubten ihm nicht, das konnte doch nicht sein. Aber es sollte sich herausstellen, dass er Keitas späteres Strafmaß ziemlich genau vorausgesagt hatte.

Die nächsten Monate, ach was: Jahre waren schlimm. Nicht nur für Keita, der im Gefängnis festsaß und nicht wusste, wie es weitergehen würde. Zudem hatte sich seine Freundin nach ein paar Monaten im Gefängnis von ihm getrennt, das hat ihn auch mitgenommen, obwohl er sich Gefühle der Schwäche nur schwer eingestehen wollte. Schwierig war die Zeit aber auch für seine Familie und seine Freunde draußen. Mich deprimierte es, Keita im Knast zu sehen, obwohl er immer vorgab, gut klarzukommen. Er sagte immer, dass er bald rauskäme, immer wieder, ohne dass etwas passierte. Mit der Zeit glaubten wir ihm das nicht mehr, aber widersprechen wollten wir auch nicht. Er klam-

merte sich weiter sehr an seinen Traum, sofort Fußballprofi zu werden, sobald er wieder in Freiheit war. Klar, das hat er jetzt tatsächlich geschafft und für all die harte Arbeit, die er dafür investiert hat, kriegt er auch all meinen Respekt. Aber mich nervte er damals extrem mit seiner Art, der Realität im Knast lange Zeit nicht ins Auge blicken zu wollen. Ich war einmal so wütend, dass ich ihn angebrüllt habe: »Halt die Fresse mit deinem Profifußball, schau mal, wo du hier bist. Glaub von mir aus daran und trainiere weiter hart. Aber erzähl nicht mehr davon, mach einfach das Richtige.« Ich konnte es nicht mehr ertragen, wie er sich scheinbar selbst etwas vormachte. Das konnte doch keiner mehr ernst nehmen. Auch für seine Mutter war Keitas Zeit im Gefängnis schlimm. Ich habe sie oft zu den Besuchen begleitet, hinterher im Auto weinte sie immer ganz herzzerreißend. Das war für uns alle eine schwere Zeit.

Als ich ihn dann allerdings nach fünf oder sechs Jahren endlich mal wieder spielen sah, als er im offenen Vollzug für Ratingen antreten durfte, staunte ich nicht schlecht. Erst mal war er wirklich topfit und ragte in seiner Mannschaft sofort heraus, so gut hatte ich ihn selten spielen sehen. Aber auch, weil sich sein Stil völlig verändert hatte. Früher war Keita zwar gut gewesen, machte Tricks und alles, aber er nahm das wohl alles zu leicht, spielte ein wenig zu sehr für die Galerie. Doch jetzt erlebte ich ihn auf dem Platz plötzlich total fokussiert. Er hielt sich nicht mehr an Mätzchen auf, sondern agierte knallhart und zielstrebig. Das war ein ganz anderer Spieler. Und ich merkte diese Veränderung auch im Privatleben. Man spürte, dass er im Gefängnis reifer, ja vielleicht einfach erwachsen geworden war. Er ist immer noch nicht der zuverlässigste Mensch unter der Sonne und braucht ein wenig Unterstützung, um sein Leben immer so straight *wie möglich im Griff zu haben, aber das ist halt Keita: fröhlich, meistens gut drauf, hilfsbereit und ziemlich sorglos. Er macht sich halt manchmal einfach keinen Kopf. Wir als seine Berater haben ihm einen klaren Weg aufgezeigt, und den geht er jetzt mit uns gemeinsam.*

Im Moment setzen wir natürlich voll und ganz auf den Fußball, da hat er, wenn alles so glatt weiterläuft wie zuletzt, noch ein paar gute Jahre vor sich. Aber wir kümmern uns auch um die Zeit, die nach der Karriere kommt, denn die ist lang. Bei Keita haben wir da auch schon ein paar Ideen. Es wird auf jeden Fall einen sozialen Bezug haben, denn in dieser Hinsicht ist er sehr, sehr stark.

MEILENSTEINE 18

Der Tod meines Vaters. Und wie der Sport mich rettet.

Selbst mit dem Abstand von mehr als sieben Jahren macht mich das immer noch traurig und wütend zugleich. Ich habe mich nicht von meinem Vater verabschieden können. Er starb ein paar Monate, nachdem ich verhaftet worden war, ziemlich überraschend an multiplem Organversagen. Er hatte mich noch vor Kurzem im Gefängnis besucht und ein ernstes Gespräch mit mir gesucht, mich aufgefordert, stark zu bleiben und viel zu beten. Ich arbeitete in der Küche, als mir die Nachricht von seinem Tod von unserem Gefängnispfarrer Uellendahl überbracht wurde. Ich war geschockt von dieser Nachricht, geweint habe ich auch da nicht: In diesem Moment war ich vor allem sauer auf mich selbst, dass ich ihm in den letzten Monaten seines Lebens noch einmal so viel Sorgen bereitet habe. Wer möchte schon seinen Sohn im Gefängnis sehen? Natürlich wollte ich meinen Vater auf seinem letzten Weg begleiten. Die Gedenkfeier meines Vaters sollte in einer Moschee in Düsseldorf stattfinden. Ich beantragte bei der Gefängnisleitung sofort die erforderliche Genehmigung, um daran teilnehmen zu dürfen. Die Erlaubnis wurde mir auch erteilt – allerdings mit der Auflage, bei der Gedenkfeier an den Händen, am Bauch *und* an den Füßen gefesselt zu werden. Im Knastjargon heißt diese Dreifach-Bereifung »Hamburger«. Die Begründung für diese nicht nur für mich einigermaßen absurd klingende Anweisung: Es bestünde konkrete Fluchtgefahr. Das war vollkommen verrückt. Ich hatte bis zu diesem Zeitpunkt keinen Stress im Knast gemacht, verstand mich mit den Beamten in meinem Trakt, kam mit den anderen Gefangenen klar. Und ich trainierte schon wie ein Besessener, um am Tag x fit zu sein und wieder mit dem Fußball mein Geld zu verdienen. Ich wäre doch völlig durchgeknallt, wenn ich unter diesen Umständen an Flucht gedacht hätte. Und wie sollte das überhaupt ablaufen? Hätten mich meine Freunde mit dem Hubschrauber aus der Moschee fliegen sollen, direkt ins Märchenland, wo ich dann mit Messi und Kollegen in der Champions League gespielt hätte? Dieser Flucht-Verdacht war so hirnrissig, dass ich ihn mir nur als reine Schikane erklären konnte. Jeder, der von dieser Anweisung der Anstaltsleitung hörte, schüttelte nur den Kopf. Natürlich kam es für mich auf keinen Fall infrage, mit Fuß- und Handfesseln in der Moschee aufzulaufen. Das wollte ich meiner Familie, aber auch mir selbst nicht antun. Unter diesen Umständen würde ich nicht an der Feier teilnehmen, ließ ich die Gefängnisleitung wissen.

Zu dem Gefängnispfarrer der JVA, Kurt Uellendahl, hatte ich zu jener Zeit schon ein gutes Verhältnis. Religion hatte mich schon immer interessiert und ich konnte mit dem Pfarrer über alles sprechen. Meine Haltung in religiösen Dingen ist immer schon eindeutig gewesen: Jeder sollte mit seinem Gott glücklich werden, den einen und einzigen konnte es doch sowieso nicht geben. Kurt Uellendahl war ein liebenswerter, toleranter Mensch, der mir schnell ans Herz gewachsen war. Auch er fand die Anweisung der Anstaltsleitung nicht nachvollziehbar, mich dort gefesselt vorzuführen wie einen gefährlichen Kapitalverbrecher. Mehr als das: Er setzte sich genau wie die Beamten meines Zellentrakts bei der Anstaltsleitung für mich ein. Es dauerte ein wenig, aber dann erhielt ich die Auskunft: Ich könne an der Feier teilnehmen, wenn ich auf der Hin- und Rückfahrt zur Moschee die Fesseln trüge. Während der Feier dürfe ich sie abnehmen, allerdings würden dann auch zwei bewaffnete Vollzugsbeamte im Raum sein, um mich zu beaufsichtigen. Ich war einverstanden. Hauptsache, ich musste mich nicht in der Moschee an den Pranger stellen lassen. Der Tag der Feier kam, ich sollte um neun Uhr morgens abgeholt und nach Düsseldorf gebracht werden. Doch nichts passierte, ich wartete und wartete in meiner Zelle, ohne dass sich wer um meinen Transfer kümmerte. Nach einiger Zeit kam dann Uellendahl zu mir und teilte mir mit, dass die Erlaubnis zurückgenommen worden war. Man habe nun doch zu große Bedenken, dass ich die Gelegenheit zur Flucht nutzen könne. Nur so nebenbei: Zwei Wochen später starb der Vater eines Mithäftlings. Er saß wegen Mordes ein. Er erhielt die Erlaubnis zur Teilnahme an der Beerdigung seines Vaters ohne Auflagen.

Ich war natürlich am Boden zerstört. Wieso wurde mir die Möglichkeit verweigert, mich von meinem Vater zu verabschieden? Was bewog Menschen dazu, solch eine Entscheidung zu treffen, ich war doch keine Gefahr für die Allgemeinheit? Selbst bei den Überfällen hatte ich niemanden auch nur angefasst. Ich konnte es wirklich nicht fassen. Ich lag einige Zeit apathisch auf der Pritsche meiner Zelle wie ein Fels. Immer noch weinte ich nicht, konnte es einfach nicht. Die Gedanken rotierten in meinem Schädel, ich glaube, ich war im Gefängnis selten so verzweifelt wie an diesem Tag. Doch zwei Dinge waren es, die mich letztlich aus dieser tiefen, dumpfen Lethargie befreiten. Zum einen der Gedanke an meine Familie und meine Freunde, die mich hier drin jeden Tag bestärkten. Und, wie beinahe immer in meinem Leben: der Fußball ...

Am Tag der Trauerfeier für meinen Vater ging es mir so schlecht wie selten zuvor. Aber ich wusste: Es machte keinen Sinn, hier noch länger auf der Matratze liegen zu bleiben und mich der Wut auf die Anstaltsleitung hinzugeben. Jetzt würde nur eines helfen: Ich musste Fußball spielen. So war das auch schon während der Zeit der Überfälle mit Mario gewesen. Mir ging es den ganzen Tag dreckig, ich war schwer nervös, paranoid fast, sah überall Polizisten, wo keine waren – es war ein Grauen. Dieser Zustand aber wurde in dem Moment ausgeknipst, in dem ich auf einen Sportplatz lief und kicken konnte. Sofort fiel die ganze Belastung von mir ab, ich war im Flow. Das klappte eigentlich immer.

Ich hoffte, dass es auch an diesem Tag so sein würde, und meldete mich bei unserem Sportbeamten. Der war erstaunt, aber erhob keine Einwände. Als ich auf den Sportplatz kam, lief das Spiel bereits. Die Jungs unterbrachen es sofort, als sie mich sahen, und schauten mich schweigend an. Dann kam einer nach dem anderen und umarmte mich. Jeder wusste, was passiert war, niemand sagte ein Wort. Alle nahmen mich in den Arm, um mir Trost zu spenden, und das war in seiner Spontanität eine so menschliche, aufrichtige Geste von diesem Haufen aus Dieben, Drogendealern und Mördern, dass mir plötzlich doch noch die Tränen durchs Gesicht liefen. Danach spielten wir eine Runde Fußball und vergaßen alles um uns herum.

Der Sport im Knast

Die Laufrunde im Innenhof der JVA Vohwinkel war ungefähr 300 Meter lang. Ich hatte mir gleich ein Programm ausgedacht, das ich stoisch absolvierte. Ich lief eine Runde, dann machte ich einen Satz Liegestütze, danach ein paar Klimmzüge, dann lief ich wieder eine Runde. Immer wieder aufs Neue, mit der verbissenen Ausdauer eines Forrest Gump, unaufhaltsam. Meine Mitgefangenen hielten mich schon bald für ein bisschen gaga, aber sie respektierten meinen Willen. Da ich jedem erzählte, der es hören wollte (oder auch nicht), dass ich es noch in den richtigen Profifußball schaffen wollte, musste mein Trainingsehrgeiz als Indiz dafür herhalten, dass ich kein Spinner war, der sich selbst Geschichten erzählte, sondern dass ich ernsthaft an meinem Ziel arbeitete. Nach einigen Wochen hatten die Sportbeamten in Wuppertal ein Einsehen und erlaubten mir, täglich

Sport zu machen. Ich meldete mich beim Volleyball an, einem Sport, dem ich eigentlich noch nie viel abgewinnen konnte. Aber ich dachte darüber nach, wie ich meine Sprungkraft verbessern könnte – und dafür bot sich Volleyball ja nun wirklich an. Mir kam es nur darauf an, die Bälle zu blocken, die über das Netz geschlagen wurden. Beinahe manisch sprang ich Stunde um Stunde am Netz hoch, um ein Gefühl für das richtige Timing zu bekommen. Warum? Weil es für das Kopfballspiel beim Fußball nichts Wichtigeres gibt, als das richtige Timing zu haben. Nach solchen Trainingseinheiten in der Halle schmerzten meine Waden, als hätte ich einen 100-Kilometer-Marsch hinter mir, aber es funktionierte: Ich lernte, meine Sprungkraft einzuschätzen.

Als ich dann das erste Mal tatsächlich mit den Knackis Fußball spielte, erlebte ich allerdings eine Überraschung. Mit meiner Art, Fußball zu spielen, würde ich hier drin keinen Blumentopf gewinnen. Ich war es gewohnt, auf eisenharte Verteidiger zu stoßen, die jede Bewegung mitmachten und versuchten, meine Tricks im Ansatz zu stören. Nicht so im Knast. Wenn ich einen Übersteiger nach links antäuschte, um dann mit dem Ball nach rechts zu gehen, ging der gemeine Knacki gar nicht erst auf meinen Trick ein und blieb einfach stehen, sodass ich plump in ihn hineinlief. Ui, Keita, was ist denn hier los, dachte ich, hier wirst du dein Spiel aber sehr schnell umstellen müssen. Auch auf die Gefahr hin, dass ich klinge wie Sepp Herberger und fünf Euro im Phrasenschwein landen, muss ich es sagen: Fußball ist ein einfaches Spiel – und mit einem besonders einfachen Spiel kommt man im Knast besonders gut klar. Wenn man nicht riskieren will, von einem ungelenken Ochsen, der es gar nicht böse meint, umgetreten zu werden, sollte man den Ball schnell weiterspielen oder, Variante b, den Ball am Gegner vorbeilegen und einfach schnell vorbeilaufen.

Meine Verbissenheit nahm manchmal schon manische Züge an. In den Spielen kickte ich am liebsten in einer Mannschaft, die schlechter aufgestellt war, damit ich mich richtig verausgaben musste, um trotzdem zu gewinnen. Und ich trainierte immer und überall, wo sich die Gelegenheit bot, selbst in meiner kleinen Zelle joggte ich auf der Stelle, machte Liegestütze oder andere Kraftübungen, die man auf so engem Raum machen konnte. Zum Ausgleich, aber auch, weil es mir Spaß machte und ich mir dachte, dass es das Auge schulte, spielte ich auch gern Tischtennis. Ich will ja nicht angeben, aber es gab nach einiger Zeit nur noch wenige Mitspieler, die an guten Tagen eine Chance gegen mich hatten. Ballspiele kann ich wohl einfach, da muss ich mich nicht groß anstrengen. Gehasst habe ich dagegen immer Klimmzüge. Jeder Klimmzug war eine Quälerei für mich. Als ich frisch im Gefängnis war, schaffte ich gerade mal drei saubere Klimmzüge hintereinander. Ich trainierte so lange, dass ich nach einiger Zeit Arme wie Popeye der Seemann hatte und locker 50 Klimmzüge am Stück lieferte. Ich achtete darauf, mich jeden Tag so zu verausgaben, dass ich spätestens um 21 Uhr todmüde einschlief, um am nächsten Morgen wieder fit zu sein. Es war Irrsinn, wie viel ich trainierte, doch ich hatte das Gefühl, mit jedem Schuss, mit jedem Klimmzug, mit jedem geblockten Ball meinem großen Traum ein wenig näher zu kommen. Ich brannte wie eine Fackel, denn ich wusste: Das war der einzige Weg zurück!

Jürgen Gleis
»Die war heiß auf den wie Frittenfett ...«

Jürgen Gleis arbeitete 33 Jahre als Beamter in Justizvollzugsanstalten, er kennt Daniel Keita-Ruel aus dessen Zeit in Düsseldorf. Für ihn legte er sich sogar mit der Abteilungsleitung an.

Mein erster Eindruck von Daniel, als er von Wuppertal in die JVA nach Düsseldorf kam: sehr freundlich, sympathisch. Da gab es keine Probleme. Er kam ja aber auch nicht zufällig zu uns. Unser Knast wurde 2011 neu eröffnet. Er hat – bis heute noch – die besten Sportmöglichkeiten in ganz Nordrhein-Westfalen. Wir hatten einen Kunstrasenplatz, eine riesige Turnhalle, Fitnessräume – alles vom Allerfeinsten. Wir hatten einen Tipp bekommen: Daniel sollte ein sensationeller Fußballer sein. Da wurde ich als Sportbeamter in der JVA gleich hellhörig ... Grundsätzlich war das in der JVA so geregelt, dass jeder Gefangene zwei Sportgruppen wählen darf: in Daniels Fall zum Beispiel Fußball und Fitness. Nach kurzer Zeit haben wir aber gesehen: Der Mann war supermotiviert, der verhielt sich top, dem geben wir jetzt nicht nur zwei Sportgruppen, sondern wir vereinnahmen den direkt und machen ihn zum Sportwart. Sportwarte sind Insassen, die morgens die Geräte reinigen, kleinere Reparaturen erledigen und so weiter. Auf diese Weise steht der Sportwart uns von morgens bis abends zur Verfügung und kann dann immer trainieren, wann und was er will.

Ich habe natürlich zuerst ein langes Gespräch mit ihm über seine Geschichte geführt, das machen wir mit allen Gefangenen, die als Sportwart infrage kommen. Dazu braucht man ja auch ein bisschen Vertrauen, die sind ja doch auch mal unbeaufsichtigt. Bei Daniel war sehr schnell klar: Der wollte. Der wollte nach vorne. Und mit uns hat das dann auch gleich gut hingehauen. Auch die anderen Knackis kamen mit ihm klar, nachdem er beim Fußball mal gezeigt hatte, was er konnte. Vorher gab es da schon den einen oder anderen, der ein bisschen gemault hat, das wurde schon etwas argwöhnisch beobachtet, von wegen der ist kaum hier drin, da wird er schon Sportwart. Nach dem ersten Fußballspiel dann nicht mehr. Ab da wollte nur noch jeder Daniel in seiner Mannschaft haben.

Er war wirklich sehr motiviert, sich hier nicht hängen zu lassen, der hatte ein Ziel. Da habe ich nach einiger Zeit angefangen, mit ihm auch so ein bisschen Einzeltraining zu machen. Den Fitnessbereich für die Muckis, das hat er selbst gemacht, aber draußen, für Ausdauerübungen und Sprints, da baute ich so kleine Parcours auf und jagte ihn da durch. Das habe ich zusammen mit noch einem anderen Sportler gemacht, der genauso verrückt war wie Daniel. Das war ein Boxer, ein talentiertes Schwergewicht. Und wo wir gerade beim Talent sind: Daniel hat auch gern Tischtennis gespielt. Da war er ein Crack, er hat alle von der Platte gefegt – wenn es um Ballsport ging, war ihm einfach keiner gewachsen.

Doch Daniel hatte auch Probleme im Knast, die vielleicht mit dem Sport zu tun hatten: Daniels Abteilungsleiterin war zum Beispiel von Anfang an gegen ihn eingestellt. Ich weiß nicht, warum, vielleicht gefiel es ihr nicht, dass der Junge hier drin so schnell Privilegien genoss. … Ich hatte dann einige wirklich schwierige Gespräche mit ihr und bin auch persönlich zu ihr gegangen, weil ich das nicht eingesehen habe, dass ihm da Knüppel zwischen die Beine geworfen werden sollten. Aufgrund seiner guten Führung und seiner Perspektiven da draußen hätte er so schnell wie mög-

lich in den offenen Vollzug kommen sollen. Die Frau hat ihm von Anfang an misstraut. Sie sagte, wenn wir den jetzt noch mehr lockern, gerät der sowieso wieder auf die schiefe Bahn. Ich habe der Frau dann auch versucht zu erklären: Wenn die da vorne rausgehen aus dem Haupttor, da gehen einige nach rechts, dann gibt's da einen guten Weg, oder sie gehen nach links in ihr altes Umfeld zurück und fahren schnell wieder ein. Aber das, was die machen, wenn sie hier die Pforte verlassen, das können wir eh nicht beeinflussen. Wir können uns nur ansehen, wie sie sich hier drin geben, und mutmaßen, ob sie sich da draußen in der Freiheit zurechtfinden. Und bei Keita hatte ich da keine Zweifel, er hatte ein Ziel und hat sehr, sehr hart daran gearbeitet. Aber sie war einfach nicht zu überzeugen.

Mit Daniel selbst habe ich nie Probleme gehabt im Knast. Ich habe ihn mir ab und zu schon mal zur Seite genommen und ihm gesagt, hör mal, wenn du hier rauskommst, hältst du dich aber von deinen alten Bagaluten fern. Da war er auch einsichtig. Ich kann mir nicht vorstellen, dass er uns was vorgespielt hat, er hatte ja immer sein Ziel vor Augen, der hatte Power, der wollte unbedingt.

Aber eine Geschichte gab's dann doch noch mit ihm: Als er endlich in den offenen Vollzug kam, nachdem der sportliche Leiter und der Trainer von Ratingen sich für ihn eingesetzt hatten, musste er neben dem Fußball auch eine Ausbildungsstelle antreten, und da war er wohl zweimal nicht hingegangen oder zu spät gekommen, ich weiß das nicht mehr so genau. Aber genau an dem Tag, als ein Kollege von mir und ich uns mal ein Spiel von ihm angesehen haben, bei Rot-Weiss Essen war das, da rief mich ein Arbeitskollege auf der Tribüne an und steckte mir, dass es für Daniel jetzt richtig eng werden würde. Bei der nächsten kleinen Disziplinarverfehlung käme er auf der Stelle zurück in den geschlossenen Vollzug. Die Abteilungsleiterin war so heiß auf den wie Frittenfett. Ich hab mir Daniel dann nach dem Spiel an der Bande rangeholt und hab ihm das gesagt, von wegen, mein

Freund, es ist eine Minute vor zwölf, pass auf. Hat leider nichts gebracht, kurze Zeit darauf ist er für ein paar Monate bis zu seiner endgültigen Entlassung wieder in den richtigen Knast zurückgekommen.

Unter dem Strich würde ich sagen: Die Zeit mit Daniel war schon in Ordnung, und er hat ja bewiesen, dass er es ernst meinte mit seinen Zielen. Nur am Rande: Der Boxer, den ich da drin hatte, der war auch so ein Bekloppter wie Daniel. Der war schon 30 und träumte von einem Comeback im Ring. Dem habe ich gesagt, ob er was am Kopf hat, das wird nix mehr, du bist schon zu alt. Doch was passiert – der hat's tatsächlich geschafft, wieder in den Profibereich zurückzukehren, ein paar Kämpfe zu machen und die auch zu gewinnen. Der ist jetzt Afrikameister, ohne Quatsch. Da hatte ich tatsächlich damals gleich zwei Verrückte bei mir, die sich ihre Träume da draußen erfüllen konnten. Ein bisschen stolz bin ich schon auf die beiden.

DER WECHSEL 19

Von Wuppertal nach Düsseldorf. Der Kampf um ein bisschen Freiheit. Vom Glück einer Schwangerschaft.

Nach 22 Monaten in der JVA Vohwinkel gab ich auf. Das heißt, ich zog meinen Revisions-Antrag gegen das Urteil des Landgerichts Wuppertal zurück. Warum? Ich hatte die Schnauze voll, immer noch diversen Sicherheitsmaßnahmen ausgesetzt zu sein. Beobachteter Besuch, Briefkontrolle, all so etwas fiel in der Strafhaft weg, in die ich nach der Anerkennung meines ursprünglichen Urteils eingegliedert wurde. Ich wechselte gleich in die sogenannte Lockerungsabteilung, in der nur Leute einsitzen, die bald entlassen werden oder sich gut geführt haben. Dazu zählte ich wohl, denn neben meinem umfangreichen Sportprogramm war ich auch Vorarbeiter in der Küche und hatte mir in den 22 Monaten meiner Haft nichts zuschulden kommen lassen.

Nach zwei Monaten auf der Lockerungsabteilung kam der Abteilungsleiter zu mir und gab mir einen Rat. »Herr Keita«, sagte er, »sorgen Sie dafür, dass Sie so schnell wie möglich die JVA wechseln. Hier in Wuppertal werden Sie es schwer haben, Hafterleichterungen zu erhalten.« Was er mir durch die Blume sagen wollte: Die Wuppertaler Strafkammer hatte mich spätestens seit meinem letzten Giuseppe-Auftritt vor Gericht auf dem Kieker und würde mich vermutlich bis zum letzten Tag im Knast schmoren lassen. Das wollte ich natürlich vermeiden, auch wenn ich mich in der JVA Vohwinkel eigentlich ganz gut eingelebt hatte. Ich solle mal überlegen, ob es in Düsseldorf keinen Verein geben würde, der mir einen Vertrag anbieten könnte, sagte er noch, das würde meine ohnehin günstige Sozialprognose sicher noch einmal verbessern.

Zufällig stand in den nächsten Tagen ein Turnier mit der Hausmannschaft unseres Gefängnisses in der JVA Essen an. Wir reisten da mit zwei Gefängnis-Bullis an wie früher zu einem richtigen Auswärtsspiel im Verein. Das war schon krass. Auf unseren weiß-blauen Trikots prangte der Schriftzug JVA Vohwinkel. Ein Sponsor hatte sich noch nicht gefunden ... Nein, ohne Spaß: Es war schon toll, mal wieder ein richtiges Trikot zu tragen, nach zwei Jahren auch endlich wieder einmal in einem echten Wettbewerb Fußball zu spielen, auch wenn sich das jetzt zwangsläufig nicht auf dem Niveau abspielte, das ich von früher gewohnt war. Wir haben das Turnier gewonnen, ich schoss die meisten Toren und wurde zum besten Spieler gewählt. Der Preis: eine Adidas-Deutschlandjacke. Zwei, drei Wochen später die nächste Turnier-Einladung, diesmal zur JVA Düsseldorf. Mein Sportbeamter riet mir, in diesem Turnier wieder genauso aufzutrumpfen wie in Essen. In diesem Fall würde er bei seinen Sportkollegen in Düsseldorf ein gutes Wort für mich einlegen, damit ich dorthin wechseln und schon bald im offenen Vollzug für Ratingen in der Oberliga spielen könne. Das war mein Plan. Ratingen war auch eine realistische Option, denn ich kannte den Trainer Peter Radojewski aus meiner Zeit beim Wuppertaler SV. Er hatte mich bereits im Gefängnis besucht und mir versprochen, dass er mich unterstützen würde, wenn ich wieder aus dem Knast raus sei. Um es kurz zu machen: Wir gewannen auch in Düsseldorf, ich erzielte wieder eine Menge Tore und auch die Sportbeamten aus Düsseldorf reagierten wie gewünscht: »Wenn du zu uns kommst, werden wir dich bei deinem Sport auf jeden Fall unterstützen.«

In der Zwischenzeit hatte ich mich von meiner überaus selbstbewussten »TV-Anwältin« getrennt. Auch weil sie im

Rechnungenschreiben deutlich effektiver war als darin, mir zu helfen – so empfand ich das jedenfalls. Meine neue Anwältin Andrea Groß-Bölting aus Wuppertal tat da schon mehr, zumindest hatte es bei ihr die gewünschten Effekte: Sie beantragte bei der Anstaltsleitung meine Verlegung nach Düsseldorf. Die wurde gleich genehmigt und so wechselte ich quasi ablösefrei den »Verein«. Auf diese Weise konnte ich mich endlich aus den Klauen der Wuppertaler Strafkammer und dieser Staatsanwältin befreien, die mir so lange das Leben schwer gemacht hatte. Es ging spürbar bergauf. Der Knast in Düsseldorf war gleich aus mehreren Gründen eine Verbesserung: Er war neu, das heißt, dass die Zellen etwas größer und sauberer waren. Und der Sportbereich: ein Traum. Kunstrasenplatz, Sporthalle, Laufband, großer Fitnessraum – alles da. Bessere Bedingungen konnte man als Sportler auch draußen kaum haben.

Bonus: Schon nach zwei Monaten in Düsseldorf wurde ich zum Sportwart bestimmt. Das ist der beste Job im Knast. Morgens um halb acht wurde ich abgeholt und musste mich bei meinem Sportbeamten melden, das war Jürgen Gleis. Guter Mann, ihm habe ich viel zu verdanken. Erst bin ich jeden Morgen so 40 bis 45 Minuten gelaufen, dann hat er ein individuelles Training mit Medizinbällen und anderen Utensilien auf der Tartanbahn für mich aufgebaut. Erst wenn mein eigenes Training zu Ende war, übernahm ich den Fitness-Raum, für den ich als Sportwart zuständig war. Dort musste ich dann in den nächsten Stunden dafür sorgen, dass alles reibungslos lief. Wenn ich Lust hatte und Zeit fand, konnte ich natürlich auch selbst dort trainieren. Meistens aber zog es mich auf den Fußballplatz. Es gab Tage, da habe ich ein- bis zweimal mit den unterschiedlichen Gruppen Fußball gespielt. Das waren die nicht so guten Tage. An anderen konnte ich drei- bis viermal am Tag kicken – das waren die schönen Tage. Um 20 Uhr war Schluss, dann musste ich in die Zelle zurück. Um 21 Uhr schlief ich meistens tief und fest, weil ich von meinem ausgefeilten

Sportprogramm so kaputt war. Man kann sagen, dass ich mich in der JVA Düsseldorf permanent im Hochleistungsmodus befand. Das härtete mich für mein weiteres Leben ab. Ich bin sicher, dass ich auch heute noch als Bundesligaspieler davon profitiere. Ich werde so schnell nicht müde, mein Körper ist robust und ausdauernd geworden im Knast.

Dass ich immer so früh schlief, hatte aber auch noch einen anderen Grund: Ich wollte, dass die Zeit so schnell wie möglich vorbeigeht. Die Zeit erscheint dir endlos im Knast. Es passiert nichts, du fühlst dich oft wie gelähmt. Leben im Stillstand. Tage wie Weihnachten, Ostern, auch Sonntage sind schlimm, schlimmer als normale Tage. Es geschieht noch weniger, es geht nur darum, dass sich die Zeiger der Uhr drehen. Ich weiß noch, dass ich an meinem dritten Silvesterabend im Knast eine Schlaftablette genommen habe, damit ich das ganze Geknalle da draußen nicht mitkriege. Es war zu deprimierend für Zaungäste wie uns. Ich habe 16 Stunden am Stück geschlafen. Auch Geburtstage haben im Knast keine besonders positive Bedeutung. Man ist froh, wenn man sie vergisst, sonst verliert man sich noch in Gedanken an seine Freunde und seine Familie und kommt richtig schlecht drauf. Überall im Knastalltag lauern Fallstricke. In der Zeit, in der ich keinen Sport machen konnte oder einfach mal eine kleine Pause brauchte, suchte ich nach Beschäftigungen für den Kopf. Vorher hatte ich wenig gelesen, nun hing ich oft Stunden über einem Buch. So lernte ich im Gefängnis auch Italienisch, was aber zugegeben keine große Kunst ist, wenn man ohnehin schon Französisch spricht … Alles war willkommen, um nicht bräsig und leer zu werden, um sich nicht dem Phlegma zu überlassen, das üblicherweise unter den Sträflingen einer JVA verbreitet ist. Die Rückfallquote unter ehemaligen Gefängnisinsassen liegt bei 78 Prozent. Das sagt ja schon alles. Man muss vor allem im Kopf stark bleiben, sonst hat man keine Chance.

Nach zwei Jahren und vier Monaten in Haft stellte ich einen

Antrag auf Lockerung, also auf offenen Vollzug. Da ich aber ein Langzeitstraftäter war, gehörte ich zu den sogenannten Kommissionsfällen. Das heißt, dass ich von einem Psychologen begutachtet wurde, der wiederum sein Gutachten einer Gruppe von anderen Psychologen vorlegt, die dann wiederum über den Antrag abstimmen. Klingt kompliziert, ist aber in der Regel einfach: Was der oder die Psychologin in ihrem Gutachten empfiehlt, wird von den anderen meistens befolgt.

In meinem Fall hatte ich Pech. Zuständig für mich war Frau Fischer. Sie war bei unserem ersten Treffen im dritten Monat schwanger. Ich erwähne das, weil es noch eine gewisse Bedeutung haben wird. Wir plauderten zuerst ganz nett, sie stellte mir die üblichen Fragen, schien auch ganz angetan zu sein von meinem starken Rückhalt in der Familie und durch meine Freunde, alles easy, alles gut. Bis sie mich fragte, was ich denn für meine Zukunft so geplant habe. Wahrheitsgemäß antwortete ich: Na ja, ich drehe die Uhr zurück und starte endlich meine Karriere als Profifußballer, dafür trainiere ich hier in der JVA doch jeden Tag hart. Im Nachhinein würde ich sagen: Das wäre wieder ein klassischer Fall für das Modell »Cayenne-Pfeffer« gewesen. Hätte ich geflunkert und gesagt, ich wolle mich da draußen durch den Vertrag bei einem Oberligisten erst mal wieder mit der Welt vertraut machen und dann mit einem kleinen finanziellen Polster in der Tasche nach einem soliden Ausbildungsplatz suchen, dann hätte mich Frau Fischer sicherlich ganz doll lieb gehabt und mir ein schönes Gutachten geschrieben. Ich verzichtete aber auf dieses Showelement und blieb bei der Wahrheit: »Ich will Fußballprofi werden!«

Diese Idee wiederum gefiel Frau Fischer überhaupt nicht. Sie war der Ansicht, ich würde mir mit diesem »unrealistischen« Wunsch etwas vormachen. Sie habe mit einem Freund gesprochen und der wisse sicher, dass in meinem Alter der Zug abgefahren sei. Woche für Woche ging das so hin und her wie bei kleinen zankenden Kindern. Sie sagte: Du kannst kein

Profi mehr werden. Ich sagte: Ich kann doch noch Profi werden. Nein. Doch. Nein. Doch ...

Meine Psychologin Fischer blieb bei ihrer Ansicht, dass es unmöglich für mich sei, Fußballer zu werden. Und sie saß am längeren Hebel. Ich solle mich stattdessen mal mit dem Gedanken auseinandersetzen, eine Ausbildung zu machen. Wollte ich aber nicht. Je beharrlicher meine Psychologin behauptete, ich würde in einer Traumwelt leben, umso trotziger wurde ich. Unsere Gespräche wurden mit der Zeit anstrengender und ungnädiger, auch wenn ich mir Mühe gab, ruhig und souverän zu bleiben. Ich wollte mich auf keinen Fall provozieren lassen. Nur meinen Standpunkt, den wollte ich auf keinen Fall aufgeben. Möglicherweise war das von meiner Seite nicht der smarteste *Move*, mich kategorisch zu weigern, auch nur über eine Alternative in meiner Lebensplanung nachzudenken. Auf jeden Fall war es undiplomatisch. Das schien die Frau in ihrer Einschätzung, bei mir handle es sich bloß um einen trotzigen Burschen, der noch nicht reif für den offenen Vollzug sei, zu verstärken. Der Ausdruck, ich würde in einer »Traumwelt leben«, landete sogar in meinen Akten.

Frau Fischer hatte mir im Ausbildungsknast Bochum-Langendreer eine Ausbildungsstelle als Landschaftsgärtner besorgt. Eingeweiht in dieses Vorhaben war ich nicht. Sie erwartete jetzt von mir, dass ich einen Antrag auf Verlegung nach Bochum stellte. Das wäre zwar offener Vollzug gewesen, so wie ich es wollte, aber mit einer Arbeit, die mich kein Stück interessierte. Das darf man jetzt nicht falsch verstehen. Im Grunde finde ich es wichtig, dass Gefängnisinsassen sich auf ihr Berufsleben nach der Entlassung vorbereiten. Wenn sie jung sind, dürfte ein Ausbildungsplatz sogar genau das Richtige sein. Nur für mich war das ein wenig anders. Ich hatte ja einen konkreten Plan, und in dem war kein Platz für eine Lehre zum Gärtner. Zumal die auch die Möglichkeit, in Ratingen wieder Fußball zu spielen, verhindert hätte. Also lehnte ich ab und sagte ihr, dass ich bleiben würde, wo ich bin. Sie versuchte es ein weiteres Mal, diesmal mit einer einjährigen Ausbildungsstelle als Kfz-Lehrling. Das kam natürlich genauso wenig infrage. Diese Auseinandersetzungen zwischen mir und meiner Psychologin dauerten fast ein halbes Jahr. Im Gutachten stand dann, dass ich uneinsichtig sei, eine Ausbildung verweigern würde und freiwillig auf den offenen Vollzug in Bochum verzichtet hätte. Die Schlüsse, die alle anderen Psychologen aus diesem Gutachten zogen, waren eindeutig. Den offenen Vollzug in Düsseldorf konnte ich erst einmal knicken. Aber das war mir in diesem Moment egal. Wichtiger war, dass es diese Frau nicht geschafft hatte, mich von meiner festen Überzeugung abzubringen, ich könne es auch nach meiner Entlassung aus dem Gefängnis noch zum Profi bringen. Das war trotz aller Schwierigkeiten mit der guten Frau Fischer das Wichtigste für mich: Ich ließ mich nicht beirren.

Zum Glück dauert eine Schwangerschaft nur neun Monate. Ich winkte Frau Fischer fröhlich nach, als sie ihren Mutterschaftsurlaub antrat. Mit ihrer Nachfolgerin Frau Bartsch lief es vom ersten Tag an besser. Auch ihr habe ich von meinen Fußballträumen erzählt, habe ihr aber gleichzeitig bedeutet, dass ich natürlich auch eine Ausbildung wichtig finden würde – schließlich wollte ich nicht den gleichen Fehler ein zweites Mal machen und meine neue Psychologin nicht gleich wieder vergrätzen, indem ich alles außer Profi kategorisch ausschloss. Dementsprechend positiv fiel mein neues Gutachten aus. Ich dankte dem Himmel, dass meine erste Psychologin kein Elefant war. Die sind nämlich bekanntlich fast zwei Jahre schwanger.

Krystian Wozniak
»Er ist mir ans Herz gewachsen.«

Seit 2009 berichtet Krystian Wozniak
für die Zeitung RevierSport vom großen
und kleinen Fußball des Ruhrgebiets.
Zu Daniel Keita-Ruel hat er ein ganz
besonderes Verhältnis – und umgekehrt.

Ich war natürlich erst mal baff, als ich seinen Brief erhielt. Das war kurz bevor Keita in Düsseldorf in den offenen Vollzug durfte und seine Fußballkarriere in Ratingen in der Oberliga wieder aufnahm. Das waren bestimmt fünf, sechs klein beschriebene Seiten, auf denen Keita mir aus dem Gefängnis sehr detailliert und ehrlich schilderte, was ihn überhaupt da hineingebracht hatte. Im Grunde erzählte er mir seine Lebensgeschichte. Verbunden mit der Bitte, ihn demnächst als Journalist zu unterstützen, wenn er wieder auf den Sportplätzen der Region unterwegs sei. Zu dem Zeitpunkt kannten wir uns zwar schon, hatten aber nicht allzu viel Kontakt. Ich war bei RevierSport auch für den Wuppertaler SV zuständig gewesen, der damals in der 3. Liga spielte. Keita wurde in seinem ersten Jahr zwar noch nicht so häufig in der ersten Mannschaft des WSV eingesetzt, doch er fiel mir schnell auf. Er hatte eine lockere Art, brachte hin und wieder auch einen Spruch, er war einfach ein lustiger Vogel, der das alles nicht so furchtbar ernst zu nehmen schien. Ich mochte ihn gleich, er war einer von der Straße, der redete, wie ihm der Schnabel gewachsen war. Vielleicht liegt es ja ein bisschen daran, dass ich selbst ein Emigrant mit polnischen Wurzeln aus dem Essener Norden bin –

auch nicht unbedingt eine Gegend, in der man in Watte gepackt wird. Jedenfalls hatten wir schon recht bald einen guten Draht zueinander, ich schrieb hin und wieder über ihn, alles ganz unspektakulär. Bis zu dem Tag, als ich in der Wuppertaler Rundschau von seinen Raubzügen erfuhr. Ich hatte richtig Gänsehaut, als ich das las. Er war mir ans Herz gewachsen, ich hätte so etwas nie von ihm erwartet. Klar, möglicherweise dachte ich schon mal, dass er sportlich den Durchbruch nicht schafft, weil er ein bisschen zu locker drauf war, weil ihm vielleicht auch der letzte Biss fehlte. Aber so was? Ich war richtig geschockt und konnte mir das alles nicht erklären.

Das war's dann auch fürs Erste, Keita saß ja im Gefängnis. Bis ich 2015 dann plötzlich seinen Brief erhielt. Die Art und Weise, wie er mich um Unterstützung bat, berührte mich. Er hätte auch kurz sagen können, hör mal, ich mach da die Geschichte mit dir exklusiv, bevor BILD *und* Express *die kriegen. Ich geb dir die Infos, du machst die Story und tschüss. Aber so war dieser Brief nicht, so tickt Keita nicht. Sein Brief hatte so gar nichts Berechnendes, nichts Professionelles, sondern er war einfach sehr emotional. Man spürte, dass er sich und seine Taten erklären und da draußen seine zweite Chance wirklich ergreifen wollte. Ich weiß noch, wie ich mit dem Brief ein wenig ratlos zu meiner Frau Agnieszka ging: »Was mache ich jetzt damit?« Und sie meinte sofort: »Na ganz einfach, du hilfst ihm, so gut du kannst!« Und das habe ich dann auch gemacht, weil ich ihm geglaubt habe, dass er es ernst meint. Klar, neun von zehn Jungs, die aus dem Knast kommen und behaupten, dass sie geläutert sind, vergessen das in Freiheit allzu schnell wieder. Doch bei Keita sah ich schon bald: Er war die Ausnahme. Er wollte unbedingt, er brannte. Ich schrieb dann immer häufiger über ihn, denn er lieferte ja auch sportlich, machte Tor um Tor. Wir hatten extrem viel Kontakt in den Jahren bei Ratingen und Wattenscheid, er sagte immer: »Hey Partner, du musst mich pushen!«*

In Wahrheit pushte sich Keita natürlich selbst und ich schrieb bloß darüber. Es war beeindruckend zu sehen, wie er sich auf dem Platz bewegte, wie fit er war, wie intensiv sein Spiel. Auch in Wattenscheid wurde er ja gleich Stammspieler und gehörte nach ein paar Wochen schon zu den besten Spielern der ganzen Liga, er ging ab wie Schmidts Katze. Ich glaube, das lag auch ein wenig an seinem Trainer Farat Toku bei Wattenscheid. Der hatte, ich sage das mal etwas flapsig, ein Händchen für Pflegefälle. Er wusste, wie man mit komplizierten Charakteren umgehen musste. Und das hieß bei Keita: Er nahm ihn an die Hand und bedeutete Keita, dass er bedingungslos auf ihn setzt und an ihn glaubt – diese Form des Respekts und der Anerkennung braucht jemand wie er, um sich wohlzufühlen. Und im zweiten Schritt dann auch, um seine Leistung zu bringen. Er möchte ja auch schon mal ein wenig im Mittelpunkt stehen, der Star der Mannschaft sein. Das meine ich aber nicht negativ – er ist bereit, das auch durch Leistung zu untermauern.

Leider habe ich seit seinem Wechsel zu Fortuna Köln und später zu Greuther Fürth nicht mehr so regelmäßig die Möglichkeit, seine Spiele zu sehen und über ihn zu schreiben. Das heißt aber nicht, dass unsere emotionale Bindung sich dadurch verändert hätte. Die überlebt auch schon einmal einen ausgemachten Streit. Keita ist ja nicht immer einverstanden mit allem, was da in der Zeitung steht. Kurz vor dem Start seiner ersten Zweitliga-Saison lautete die Überschrift in der Westdeutschen Allgemeine Zeitung, für die ich auch schreibe: »Aus dem Knast in die Zweite Bundesliga«. Da war er sauer. »Partner ...«, nölte er mich am Telefon an, »muss das sein, das will doch keiner mehr lesen. Immer diese Knastsache.« Was definitiv nicht stimmte, denn auch die überregionale Presse stieg anschließend mit ähnlichen Überschriften ein. Er war ein paar Tage sauer, aber dann war das vergessen. Er weiß vermutlich am besten, dass er diese Geschichte, diesen Twist seiner Karriere nie wieder aus der Welt schaffen kann. Aber vielleicht ist das ja auch gut so, denn mit ihm und seiner Geschichte verbindet sich ja auch die Botschaft an viele junge Menschen, die *da draußen mal in einer ähnlichen Situation waren oder es noch sind: Man kann es schaffen, diesen Mist hinter sich zu lassen und einen neuen Anfang zu machen! Ich finde gut, dass Keita sich nun auch sozial engagiert und seine Geschichte immer wieder erzählt. Eine Geschichte, in der ja auch noch eine Fortsetzung möglich ist mit einer Überschrift, die ihm dann doch wieder gefallen dürfte: »Aus dem Knast in die* Erste Bundesliga«. *Ich traue ihm das auf jeden Fall zu.*

OFFENER VOLLZUG 20

Erst raus, dann wieder rein, dann endgültig raus. Das Leben im Reset.

Am 1. Juni 2015 wurde ich Lehrling der Firma EMKA in Velbert. Na ja. Nicht wirklich. Die Ausbildungsstelle, die ich dort antreten konnte, war mein Joker im langen Kampf um meine Überstellung in den offenen Vollzug. Zu verdanken hatte ich das zum einen dem wohlwollenden Gutachten meiner neuen Psychologin Frau Bartsch, den zähen Bemühungen meiner neuen Anwältin Groß-Bölting, der Bereitschaft meines ehemaligen Trainers Peter Radojewski, wieder mit mir zusammenzuarbeiten, und der Noblesse eines alten Freundes. Wobei ich mich kaum traue, das so flapsig aufzuschreiben: Friedhelm Runge war nicht wirklich ein alter Freund, sondern eher ein väterlicher Ratgeber.

Er ist inzwischen 80 Jahre alt und immer noch geschäftsführender Gesellschafter der weltweit operierenden Firma EMKA aus Velbert, Jahresumsatz über 200 Millionen Euro. Zwischen 1990 und 2013 amtierte er als Präsident des Wuppertaler SV und hielt ihn mit seinen privaten Mitteln mehr als einmal auf Kurs. Ein Ehrenmann, dem ich zu tiefem Dank verpflichtet bin. Wir hatten uns in meiner Zeit als Spieler des Wuppertaler SV kennengelernt und er wäre schon 2011 bereit gewesen, mir in der JVA Wuppertal meine Kaution zu stellen, wenn es dazu gekommen wäre. Diesmal allerdings, als es darum ging, dass ich nach mehr als drei Jahren hinter Gittern endlich in den offenen Vollzug überstellt werden sollte, half er mir nicht nur mit der erforderlichen Kaution, sondern gab mir auch einen Ausbildungsplatz in seinem Unternehmen. Ohne einen richtigen Job wie diesen hätte das alles nicht funktioniert. Der Vertrag, den mir der damalige Oberligist Ratingen als Fußballer gab, hätte kaum ausgereicht, um die Düsseldorfer Behörden zu erweichen. Wobei auch mein Ausbilder bei EMKA und Friedhelm Runge selbst wussten, dass diese »Lehre« im Grunde eine Farce war: Ich musste zwar sogar die Berufsschule besuchen und durchlief in den ersten Wochen meiner »Berufstätigkeit« vom Lager bis zur Marketingabteilung diverse Stationen bei EMKA, doch niemand, mich eingeschlossen, rechnete damit, dass ich diese Lehre abschließen würde. Ich wollte Profi-Fußballer werden, das wussten die Verantwortlichen im Gefängnis, das wusste mein Ausbilder und das wusste ganz sicher auch Friedhelm Runge – daneben war einfach kein Platz für einen Vollzeitjob.

Mein erstes Training unter Peter Radojewski bei Germania Ratingen habe ich so übertrieben genossen, das kann sich niemand vorstellen, der nicht mal in einer ähnlichen Situation gewesen ist. Früher Abend, Sonnenschein auf dem Rasenplatz, eine Truppe, in der jeder kicken konnte und die mich herzlich in ihren Reihen aufnahm – ich war selig. Durch mein intensives Training im Knast hatte ich überhaupt keine Probleme mit der Fitness, auch fußballerisch war ich gleich auf gutem Niveau dabei. Ein Problem allerdings war nicht zu übersehen: Ich war zu breit. Früher hatte ich immer um die 80 Kilogramm gewogen, doch durch meine Pumperei im Knast hatte ich inzwischen einen Oberkörper wie ein Wrestler. Erinnert sich jemand an die Fotos von Tim Wiese, dem langjährigen Torhüter von Werder Bremen? Der hatte nach seiner Karriere mit dem Kraftsport angefangen und sich zu einer Art Schrankwand auf zwei Beinen entwickelt. So sah das bei mir auch aus. Das half zwar meinem Durchsetzungsvermögen, denn die Verteidiger prallten an mir ab wie an Hulk. Allerdings ist man mit einem Oberkörper wie diesem nicht mehr allzu geschmeidig auf den Beinen – ich musste dringend aufhören zu pumpen und meine Ernährung umstellen, damit ich wieder schneller auf Touren kam.

Innerhalb von ein paar Wochen hatte ich den gewünschten Fitnesszustand erreicht und war als offensiver Zehner in der Ratinger Mannschaft zum Leistungsträger geworden. Mein Spielstil hatte sich verändert, und das war eine gute Nachricht: Ich war härter, effektiver, zielstrebiger geworden als früher, ich spielte jetzt Fußball wie ein Erwachsener. Zudem erzielte ich auch als offensiver Mittelfeldspieler meine Tore. Nach der Hälfte der Saison klopfte man mir überall auf die Schulter. Das freute mich natürlich, ich sah mich bestätigt: Der erste Schritt auf dem Weg in die höheren Ligen war getan. Doch immer, wenn man denkt, jetzt könne einen nichts mehr überraschen ...

Am Tag meiner Anhörung vor dem Düsseldorfer Landgericht, in dem es darum gehen sollte, ob ich vorzeitig auf Bewährung aus der Haft entlassen werden konnte, passierte die Katastrophe: Ich wurde wieder in den geschlossenen Vollzug geschickt. Der Grund war, zumindest in meinen Augen, eine Lappalie. Ich hatte mir für diesen Tag von der Arbeit freigenommen, weil ich vor Gericht erscheinen sollte. Nachdem die Anhörung vorüber war, bin ich weder gleich an meine Arbeitsstelle noch in den offenen Vollzug nach Düsseldorf-Gerresheim zurückgefahren, sondern ging mit zwei Freunden, die damals beim MSV Duisburg spielten, auf der Kö frühstücken. Ich dachte, das sei kein Problem, zumal ich mich ja auf der Arbeit ordnungsgemäß abgemeldet hatte. Doch wie ich nun lernen sollte, war jede noch so kleine Undiszipliniertheit im offenen Vollzug ein ernstes Problem. Einer der Beamten aus Düsseldorf-Gerresheim hatte mich wohl in der Stadt gesehen und gleich die Anstaltsleitung informiert. Am nächsten Tag schon stand eine Abordnung meiner alten JVA vor der Tür und brachte mich zurück in meine »alte Heimat«. Kein Ausgang, kein Training und auch keine Spiele für Ratingen mehr, *RevierSport* meldete: »Keita-Ruel wieder zurück im Knast«. Ich wusste nicht, wie das passieren konnte, und vor allem, wann ich meine nächste Chance erhalten würde, endlich hier rauszukommen. Auch mein Job als Sportwart war längst wieder neu vergeben. Zum Glück unterstützte mich Jürgen Gleis gleich wieder. Ich konnte dank seiner Hilfe wieder so viel trainieren, wie ich wollte. Mein Job in den letzten Monaten vor meiner Entlassung war es dann, in der Kantine der Beamten zu kochen und das Essen auszugeben. Das war einerseits ganz okay, weil ich auf diese Weise täglich Kontakt mit allen Menschen hatte, die hier drin was zu sagen hatten. Doch der Gedanke, dass ich noch letzte Woche für Ratingen auf dem Platz gestanden und endlich wieder an meiner Karriere gearbeitet hatte und nun wieder JVA-Beamten das Essen auf den Teller legen musste, machte mich krank. Ich war aber smart genug, mir das nicht anmerken zu lassen.

Dass ich dann knapp sechs Monate später bei meiner sogenannten Zwei-Drittel-Anhörung vor dem Düsseldorfer Landgericht ganz unkompliziert und ohne große Befragung »blitzentlassen« wurde, macht mich heute noch perplex. Der Richter, ein auffallend junger Mann, studierte meine Akte und wunderte sich: »Sie sind ja der Einzige, der von Ihrer Bande noch nicht auf freiem Fuß ist!« Das konnte ich bestätigen. Selbst Mario, unser Bandenboss, war längst auf Bewährung zurück in der Freiheit. Ich wurde nicht mal weiter befragt. »Wenn der Beschluss geschrieben ist, faxen wir ihn an die JVA nach Düsseldorf, dann können Sie nach Hause gehen.« Ich hätte den Mann am liebsten umarmt. Dass er mir vier Jahre Bewährung aufgebrummt hatte, juckte mich nicht. In der JVA sagte ich zunächst niemandem etwas von meinem Glück. Am Ende könnte ja wieder etwas dazwischenkommen, es wäre ja nicht das erste Mal. Doch schon zwei Tage später tauchte plötzlich ein Beamter in der Küche auf und nickte mir zu: »Jetzt hast du's geschafft, Keita, hier ist ein Fax eingegangen vom Landgericht. Du bist raus.«

Nur eine Stunde später stand ich mit einer Kiste und zwei kleinen Taschen auf dem Hof vor dem Gefängnis. Die meisten meiner Sachen hatte ich den Jungs geschenkt, mit denen ich im Knast am meisten zu tun hatte. Ich konnte es immer noch nicht glauben. Eine Tür nach der anderen wurde aufgeschlossen, hinter der dritten Tür warteten meine Mutter und meine Schwester auf mich. Einmal blickte ich mich noch um. 78 Prozent aller Gefängnisinsassen werden rückfällig, daran erinnerte ich mich in diesem Moment. Ich würde zu den anderen 22 Prozent gehören.

Dafür würden nicht nur meine Mutter, meine Schwester und ich selbst sorgen, sondern auch einige andere, die mich in der ganzen Zeit nicht hatten hängen lassen. Mit denen ich aus meiner Zelle Briefe geschrieben hatte und die draußen Geld gesammelt hatten, damit die Anwaltskosten nicht bei meiner Mutter hängen blieben. Von Boogie habe ich schon erzählt, hier muss ich noch meine zwei anderen besten Freunde nennen: Collin und Stefano, die mich schon seit meiner Kindheit am besten kennen. Bei Stefano bin ich in der Zeit nach der Haft untergekommen. Er gab mir einfach den Zweitschlüssel zu seiner Wohnung in Meerbusch-Büderich. In diesem Sommer gingen wir ausnahmslos jeden Abend eine Stunde spazieren und redeten dabei über alles – über das, was hinter uns lag, das, was noch kommen sollte, und das, was am nächsten Tag anstand.

Und das war meistens Training: Obwohl Germania Ratingen wegen meines Leichtsinns Leichtsinns vor einem halben Jahr von einem Tag auf den anderen ohne seinen offensiven Mittelfeldspieler auskommen musste, gab mir der Oberligist auch nun wieder ohne große Umstände einen Einjahresvertrag. Meine Karriere nahm sofort Fahrt auf. Ich spielte gut, ich erzielte Tore, ich brannte vor Ehrgeiz. Und schon in der Winterpause der Saison 2015/16 machte mir Rot-Weiss Essen ein Angebot. Rot-Weiss Essen ist ein unglaublicher Verein mit einer langen Tradition. Zu den Spielen in der Regionalliga kamen im Schnitt immer noch 10 000 Zuschauer. Der Gedanke, nach Essen zu wechseln und fortan im legendären Stadion an der Hafenstraße zu spielen, war schon verführerisch. Aber jetzt war ich an der Reihe, mal etwas Loyalität zu zeigen. Germania Ratingen hatte mir geholfen, einen Weg aus dem Knast zu finden, nun würde ich auch dieses Jahr bei Peter Radojewski und seiner Truppe zu Ende spielen. Für mich war es sportlich ein herausragendes Jahr. Ich erzielte die meisten Tore der Mannschaft, wir spielten in der Liga überraschenderweise ganz vorne mit und im Auswärtsspiel bei meinem Heimatverein Wuppertaler SV erzielte ich den Siegtreffer für Ratingen. Der erste Schritt war getan.

Peter Radojewski
»Er hat die Chance genutzt.«

Als Daniel Keita-Ruel 2011 verhaftet wurde, war Peter Radojewski gerade sein Trainer. Er besuchte ihn im Gefängnis und half ihm später, schon als Freigänger wieder Fußball spielen zu können.

Als Daniel damals aus Bonn zum Wuppertaler SV zurückkehrte, hat er nicht gleich in der Regionalligamannschaft gespielt, sondern landete bei den Amateuren des WSV in der Oberliga, die ich damals betreute. Er war ein sehr, sehr guter Fußballer, der den »Straßenfußball« gelebt hat, der sich aber für den Profibereich noch nicht eignete, weil er, ich sage mal, noch zu kindlich über den Platz gelaufen ist. So wie er sich auf dem Bolzplatz verhalten hat, so hat er auch bei seinen Vereinen gespielt. Ihm fehlte Disziplin, er war auch ein bisschen ungeduldig, weil er nicht direkt spielte. Schon zu diesem Zeitpunkt konnte man merken, dass er sich von Kleinigkeiten schnell beeinflussen oder zumindest beeindrucken lässt. Das hinderte ihn daran, wirklich professionell zu arbeiten. Da kam er schon mal zu spät zum Training und setzte dann die Vorgaben seines Trainers nur sehr locker um ... Man kann sagen, dass Keita schon immer seinen eigenen Stil hatte, den man nur schwer in ein Schema pressen konnte – wer das zu starr versuchte, scheiterte an ihm. Klar, dass das bei den meisten Trainern nicht so gut ankam.

Aber: Wenn man sich wirklich mit Daniel auseinandersetzte, sieht man einen ganz liebenswerten Menschen. Er ist nett, zuvor-

kommend, hilfsbereit – und man hat ja jetzt, nachdem er aus dem Gefängnis raus ist, auch gesehen, dass er sich durchaus diszipliniert an taktische Vorgaben halten kann, sonst wäre er heute nicht da, wo er ist.

Damals war er dazu noch nicht in der Lage. Aber deshalb war er ja kein böser Mensch. Er ließ sich nur von Freunden und Bekannten zu leicht beeinflussen, und die sagten ihm natürlich: Hey, warum spielst du nicht, du musst doch spielen … Das führte halt manchmal zu einer Trotzreaktion bei ihm und triggerte seine Nachlässigkeiten noch zusätzlich. Ich glaube, er wurde damals generell nicht gut beraten, das war das größte Problem für ihn. Es geht gar nicht um den Ehrgeiz, den er selber mitbringt, in der Hinsicht konnte man ihm nie einen Vorwurf machen. Das, was er getan hat, das spiegelte meines Erachtens den Menschen Keita-Ruel nicht wider, es scheint mir fast so, als hätte er kurzzeitig sein Gehirn ausgeschaltet. Von daher haben wir ihn auch nicht fallen lassen wie eine heiße Kartoffel, sondern haben ihn gleich in Wuppertal-Vohwinkel im Gefängnis besucht. Das war schon fast ein bisschen amüsant, als wir ihn da sahen – er war scheinbar im Gefängnis gut angekommen, mit den Wärtern verstand er sich, mit den anderen Gefangenen hatte er einen guten Draht, führte sich gut, machte Sport, genoss bereits erste Freiheiten. Das war schon fast so, dass wir uns fragten, sind wir hier im Gefängnis oder wo sind wir gelandet? So ist er halt, der Daniel – er nimmt die Leute einfach schnell mit.

Als er dann nach zwei Jahren in Vohwinkel nach Düsseldorf-Ratingen verlegt wurde, habe ich ihn wieder besucht, zusammen mit unserem sportlichen Leiter damals, Michael Kulm. Der hatte ein Schreiben aufgesetzt, das Daniel ermöglichen sollte, für Ratingen in der Oberliga zu spielen, wenn er in den offenen Vollzug überführt werden würde – wir wollten ihm einfach helfen, wir waren ja überzeugt davon, dass er ein guter Junge war.

Ich denke auch, dass ihn der Sport damals im Gefängnis am Leben erhalten hat. Er muss in dieser Zeit auch den Dreh bekommen haben, dass das, was er in der Vergangenheit gemacht hat, nicht der richtige Weg gewesen sein konnte und auch nicht sein wird, wenn er in der Zukunft noch einiges erreichen möchte. Dass wir ihm dabei auch ein wenig helfen durften und konnten, war für mich selbstverständlich, weil ich ihn einfach als Menschen unheimlich gemocht habe oder besser: mag und zudem wusste, dass er ein guter Fußballer ist. Er hat uns dann in Ratingen sportlich sehr geholfen. Er hat die Chance genutzt, die er bekommen hat, wobei er uns vom ersten Tag an gesagt hat: Oberliga Ratingen, schön und gut, aber das ist für mich noch nicht das Ende. Ich glaube, die Zeit im Gefängnis hat ihm komplett die Augen geöffnet. Wobei klar ist, dass er das, was er da erleben musste, natürlich auch verdient hatte, netter Mensch hin und guter Fußballer her. Man darf ja auch die Leute nicht vergessen, die vielleicht heute noch in Behandlung sind, weil sie nachts davon träumen, wie sie überfallen wurden. Ich denke aber, dass ihn solche Gedanken auch sehr lange beschäftigt haben oder sogar noch immer umtreiben, und ich glaube, er hat aus dieser Erfahrung extrem viel mitgenommen für sein weiteres Leben. Vielleicht ist das ja auch ein Grund dafür, dass er nun nach seiner Zeit im Gefängnis so großen sportlichen Erfolg hat – er scheint sich jetzt endlich auf den Sport zu fokussieren und all das, was ihm mit auf den Weg gegeben wird, auch zu hundert Prozent umsetzen zu können. Seine Entwicklung jedenfalls ist außergewöhnlich, ohne Zweifel. Dieser Wille, den er hat, der ist einfach hervorragend. Deshalb traue ich ihm auch zu, auch den letzten Schritt in die Erste Bundesliga zu machen, den er ja unbedingt noch gehen will. Ich glaube allerdings auch, dass er da noch mal eine Schippe obendrauf packen muss, um dieses Ziel zu erreichen. Den Willen dazu bringt er mit.

DRITTKARRIERE

Von unerwarteten Chancen in einer fremden Welt. Bonustrack: ein bisschen Musik.

21

Ich habe mich schon immer für Mode interessiert. Keine Ahnung, woher das kommt. Vermutlich hängt es damit zusammen, dass ich extrem viel Musik gehört und dabei beinahe zwangsläufig auch auf den Style von Musikern geachtet habe. Ich bin ein großer Rap-Fan. Da kann man sich in etwa vorstellen, in welche Richtung sich mein Geschmack entwickelt hat. Sneakers, Cargohosen, XXX-Size-T-Shirts, die ganze Palette. Natürlich habe ich mir auch Musiksendungen im Fernsehen angeschaut, MTV und Viva waren in meiner Jugend ständige Begleiter und somit sicher auch indirekte Style-Berater. Sendungen um die US-Hip-Hop-Charts oder *Yo!MTV Raps* habe ich nur selten verpasst. Auch das Magazin *GQ* habe ich gelesen, wann immer ich es in die Hände bekam. Diesen bunten und in der Regel ziemlich hip aufgemachten Mix aus Kultur, Porträts interessanter Leute und junger Mode lese ich auch heute noch gern, obwohl ich eigentlich mehr im Internet unterwegs bin, auf Instagram zum Beispiel. Klar habe ich auch meinen eigenen Account dort, das gehört ja heutzutage zur Ausgestaltung der eigenen Persönlichkeit dazu. Und als Fußballer stehe ich ja ohnehin in der Öffentlichkeit. Auf Instagram zeige ich mich, so wie ich mich sehe, völlig selbstbestimmt. So fühle ich mich den Zeitungen nicht mehr so ausgeliefert und kann selbst über mein Image in der Öffentlichkeit entscheiden. Das empfinde ich als echten Fortschritt.

Aber es bleibt natürlich nicht aus, dass ich mich selbst auch einigermaßen modisch kleide, wenn ich schon viel auf Instagram oder anderen Kanälen unterwegs bin. Ein wenig eitel bin ich sicher auch, das gebe ich zu, aber ich finde das nicht dramatisch. Es gehört zu mir, ich stehe dazu und kann darin nichts Schlechtes erkennen. Wissen Sie, was der Modedesigner Tom Ford mal gesagt hat: »Sich gut zu kleiden, ist eine Frage der guten Manieren.« Das gefällt mir. Wobei es meiner Meinung nach nicht drauf ankommt, *was* man trägt, sondern dass man nur das trägt, was man wirklich mag und zu einem passt.

Dass ich allerdings selbst einmal auf Modefotos zu sehen sein werde, hätte ich nie für möglich gehalten. Wie sollte ich denn *dazu* kommen, als Wuppertaler Fußballer? Doch dann passierte genau das. *Strange*. Im August 2015 hatte das Leben endlich die begehrte Ereignis-Karte für mich parat: Man ließ mich aus dem Gefängnis frei. Es gehört nicht viel Fantasie dazu, um sich meine Glücksgefühle vorstellen zu können. Endlich wieder an der frischen Luft zu sein, wann immer ich wollte, das Wetter auskosten, mit meinen Freunden auf dem Bolzplatz kicken und endlich auch wieder ernsthaft Fußball spielen, für Germania Ratingen in der Oberliga. Irgendwann kam mein Freund George »Boogie« Amartey zu mir und meinte, er kenne da so einen Typen, der sei Modedesigner und habe ein eigenes Label. LFDY – Live Fast Die Young. Der habe ein Foto von mir gesehen, meine Geschichte gehört – jetzt wolle er mich mal kennenlernen. Ich war gleich geflasht, denn LFDY kannte ich natürlich, die *Brand* gehörte zu meinen Lieblingsmarken. Viele Musiker und Sportler tragen die Sachen des Düsseldorfer Labels, das erst seit 2014 existiert und eher durch einen Zufall so richtig durchstartete. Das war, als der Dortmunder Fußballspieler Mario Götze ein Foto seines Kollegen Marco Reus auf Instagram postete, auf dem der eine Basecap mit der Aufschrift LFDY trug. Da wollten natürlich alle seine Follower wissen, was es mit der Cap auf sich hatte. Ein perfekter PR-Coup für

LFDY. Das Label wurde in kurzer Zeit extrem gehypt. Hinter der Firma steckt der Düsseldorfer Lorenz Amend – und genau der war es auch, der die Idee hatte, mich in seinen Klamotten vor die Kamera zu stellen. Ich sollte als Model für seine neue Kollektion werben. Warum? Gute Frage. Ich war ja weder ein professionelles Model noch war ich ein irgendwie bekannter Popstar. Warum also ausgerechnet ich?

Ich traf Lorenz Amend in seinem Laden in Flingern, der übrigens keine Auslage im Fenster hat, sondern nur ein Schild mit dem Hinweis: »No Window Shopper«. So viel Selbstbewusstsein feiere ich. Seine Antwort überzeugte mich: »Keita, du bist kein Durchschnittstyp, du bist ein echter Charakter. Du hast nicht nur ein Gesicht, sondern auch eine Geschichte dahinter – und die strahlst du auch aus.« Okay, dachte ich, versuchen kann ich das ja mal. Zumal ich zum vereinbarten Honorar auch noch zusätzlich so viele Sachen aus der LFDY-Kollektion haben konnte, wie ich wollte. Freies Kontingent hieß das Zauberwort ... Und dafür würde ich mit meiner Vorliebe zur modischen Garderobe auch mal ein paar Stunden vor der Kamera aushalten können. Also willigte ich ein und war plötzlich nicht mehr nur der Oberligakicker, der mit Ratingen zwischen Hilden, Remscheid und Wuppertal tingelte, um drei Punkte zu holen, sondern auch ein Model, das in seiner Freizeit plötzlich nach Mailand, Monaco oder Paris jettete.

Das war schon übertrieben krass. Gerade saß ich noch in Düsseldorf in der JVA ein und hoffte, da draußen schnell wieder Fuß zu fassen – und nur sechs Wochen später logierte ich in einer Villa in Cannes oder in Monaco, wo neben mir ein Fotograf, sein Assistent, Haar- und Make-up-Leute, Stylisten und andere Models abhingen, um dort gemeinsam die neue LFDY-Kollektion zu shooten. Abends gingen wir in fancy Restaurants essen oder auf Konzerte von Musikern, die vielleicht am nächsten Tag selbst beim Shooting dabei sein würden. Surreal. Das war so weit entfernt von meinem Alltag in den letzten vier Jahren, dass ich hin und wieder in mich hineinlachen musste: War ich jetzt wirklich hier?

Klar war das zu Beginn nicht ganz einfach, mich wie ein richtiges Model vor der Kamera zu bewegen. Ich war ja kein Profi und hatte bislang keine Erfahrung mit professioneller Modefotografie. Bei den wenigen Gelegenheiten, bei denen ich bislang beruflich vor der Kamera gestanden hatte, trug ich ein Fußballtrikot, hatte die Arme verschränkt und blickte starr in die Linse. Hatte ja auch gereicht bis dahin. Das wichtigste Kriterium für ein richtiges Model erfüllte ich allerdings, ohne dass es mein Verdienst gewesen wäre. Es war einfach Glück: Die Kamera mochte mich. Der Rest ist Technik, und die ist erlernbar. Behauptete jedenfalls mein Fotograf Alexander Wurm, mit dem ich seit dem ersten LFDY-Shooting immer wieder zusammenarbeite. Er hat auch das Coverfoto dieses Buches geschossen. Mit Alexander Wurm trainierte ich methodisch, wie ich mich vor der Kamera unverkrampft bewegen konnte. Ich lernte, auf Knopfdruck mal hart, mal sentimental, mal aggressiv und im nächsten Moment gefühlvoll zu schauen, ohne dass es künstlich wirkte. Nach ein paar dieser Shootings ging mir dieser Rollenwechsel ziemlich leicht von der Hand. Das machte sogar Spaß, ich fühlte mich okay vor der Kamera, sie bedrohte mich nicht. Und dass ich nun mit den coolen Klamotten von LFDY in deren Kampagnen zu sehen war, auf der LFDY-Homepage zum Beispiel und dem gesamten Social-Media-Auftritt der Firma, fand ich jetzt auch nicht verkehrt. Das war im Vergleich zu meinen letzten Auftritten in den Medien als »Big Boy«-Bandenmitglied endlich mal gute Publicity.

Und noch etwas gefiel mir als großer Musikfreund, den gute Songs einfach glücklich machen und der mindestens einmal am Tag die Boxen zu Hause richtig vibrieren lässt: Bei den Shootings für LFDY traf ich immer wieder Musiker, die ebenfalls für das Label von Lorenz Amend Werbung machten. Die beiden US-Rapper Tyga und The Game zum Beispiel oder Luciano, der Berliner Rapper, gehörten dazu. Der übrigens sein Video zu seiner Single »Vorankommen« mit den Hertha-Fußballern Mitchell Weiser, Valentino Lazaro, David Selke und Sinan Kurt gedreht hatte – ein weiterer Beweis dafür, wie eng Mode, Musik und Profikicker manchmal miteinander verbunden sein können. Ich habe da ja auch selbst eine bescheidene Vergangenheit: Farid Bang, den bekannten Düsseldorfer Rapper mit marokkanischen und spanischen Wurzeln, habe ich in Düsseldorf schon vor über zehn Jahren kennengelernt. Wir sind Freunde inzwischen, hängen immer wieder mal gemeinsam ab. Manchmal – zuletzt in »Maghreb Gang« – spiele ich sogar in seinen Videos mit. Die Arbeit vor der Kamera war mir also nicht völlig fremd, bevor ich zum ersten Mal für LFDY Fotos machte.

Leider musste ich meine kleine »Model«-Karriere dann ein wenig eindampfen, bevor sie so richtig Fahrt aufnehmen konnte. Das war vielleicht der einzige negative Aspekt daran, dass es auf dem Fußballplatz wieder bergauf ging und ich bei Germania Ratingen einen guten Job machte: Ich hatte einfach nicht mehr genug Zeit, um alle Anfragen und Angebote anzunehmen, die mir nach einiger Zeit ins Haus flatterten. Meine Fotos für LFDY kamen scheinbar gut an, immer mehr Möglichkeiten taten sich auf, die allerdings auch immer mehr Zeit kosteten. Eine Agentur oder sogar einen Manager hatte ich bewusst nicht engagiert. Ich wollte eigentlich auch gar nicht für andere Marken als LFDY werben oder sogar in *Fashionshows* auf Modemessen laufen, obwohl es selbst da gewisse Möglichkeiten für mich zu geben schien. Ich blockte das nach einer Weile alles ab, denn der Fußball stand für mich immer an erster Stelle und sollte das auch bleiben. Obwohl es mich an manchen Tagen schon krass reizte, auch im Model-Bereich ein wenig mehr Gas zu geben. Etwa an dem Abend, als ich im Düsseldorfer Hyatt Jeremy Meeks vorgestellt wurde, der mal als heißester Sträfling der Welt gehypt wurde. Erinnert sich noch jemand an den Kalifornier, der durch sein Fahndungsfoto als Model entdeckt wurde und der nun als solches um die Welt flog – *das* ist Jeremy Meeks. Wir verbrachten einen entspannten Abend zusammen in Düsseldorf – was der ehemalige Knacki von einem Jet-Set-Leben erzählte, klang schon reizvoll, das muss ich zugeben.

Aber meine Ziele waren andere: Nach der ersten Halbserie der Saison 2016/17 hörte ich mit dem Modeln erst einmal wieder auf. Ich war inzwischen in der 3. Liga angekommen. Da reden wir jetzt schon wieder von echtem Profifußball, täglichem Training und einer durchgeplanten Woche – und ich wollte ja noch weiter nach oben.

Wie weit, das zeigte mir im Sommer 2017 mein bester Freund Collin Quaner: Mit Huddersfield Town stieg er nach einem irren Elfmeterschießen im Wembley-Stadion in London in die Premier League auf. Ich habe heute noch eine Gänsehaut, wenn ich daran denke, wie er mir an diesem Abend mit Tränen in den Augen in die Arme fiel. Und Collin zeigte mir nicht nur, wie weit ich noch kommen wollte, sondern auch, wie: Er ist der professionellste Sportler, den ich kenne, seinetwegen habe ich meine Ernährung umgestellt, mir feste Ärzte und Physiotherapeuten gesucht und mit ihm mache ich im Urlaub Zusatztraining.

Für Fotoshootings war da keine Zeit mehr. Denn ich wollte mich auf keinen Fall noch einmal so verzetteln, wie mir das 2011 passiert war. Im Winter 2019/2020 werde ich noch einmal für eine neue Kollektion von LFDY Fotos machen, das passt zeitlich ausnahmsweise einmal gut. Doch darüber hinaus stelle ich diesen Teil meines Lebens – wenn auch mit einem weinenden Auge – erst einmal ein paar Jahre zurück. Wer weiß schon, was nach der Fußballkarriere kommt? Es ist auf jeden Fall ein gutes Gefühl, schon einmal einen attraktiven Plan B in der Schublade zu haben – auch wenn diese Schublade in den nächsten Jahren fest verschlossen bleibt.

Uwe Koschinat
»Er hat die Herzen
der Menschen erobert.«

Die erste Chance im »richtigen« deutschen Profifußball erhielt Daniel Keita-Ruel von Uwe Koschinat, der in der Saison 2017/18 den Drittligisten Fortuna Köln trainierte und heute in der Zweiten Bundesliga den SV Sandhausen betreut.

Mein Scout damals bei Fortuna Köln hatte den klaren Auftrag, einen Mittelstürmer-Typen zu finden, der in meine Spielphilosophie passte. Ich suchte einen Mittelstürmer mit einer sehr hohen Aktivität, mit einem guten Kopfballspiel und der Fähigkeit, Geschwindigkeit auf den Platz zu bringen. Wir waren bei Fortuna Köln immer darauf angewiesen, Spieler aus unteren Spielklassen zu finden. Wirtschaftlich bestand bei der Fortuna einfach nicht die Möglichkeit, fertige Drittligaspieler zu finanzieren. Daniel Keita-Ruel ist in seiner Debüt-Saison in der Regionalliga bei Wattenscheid sehr positiv aufgefallen, vor allem, da er – obwohl bei Wattenscheid vorne im Sturm meistens auf sich allein gestellt – in jedem Spiel gefährliche Szenen heraufbeschwor. Er arbeitete hart und sehr mannschaftsdienlich und schien einfach nie müde zu werden. All das hat uns natürlich zuerst einmal neugierig gemacht. Bis dahin hatte das noch gar nichts mit seiner Persönlichkeit zu tun.

Natürlich erfuhren wir bald, dass er eine sehr bewegte Vergangenheit hatte, um es mal so auszudrücken. Sein Lebenslauf klingt natürlich im ersten Moment etwas abschreckend. Daniel Keita-Ruel hatte aber das große Glück, wenn ich das so nennen darf, dass zwei Spieler aus der Mannschaft, denen ich vertraute, ihre Hand für ihn ins Feuer legten. Das war zum einen Silvio Pagano, der auch in schwierigen Zeiten zu Keita gehalten hat, die beiden sind zusammen in Wuppertal groß geworden. Er hat mir versichert, dass das, was damals in Keitas Leben passiert ist, überhaupt nicht typisch oder repräsentativ für seinen Charakter gewesen sei. Die zweite Person war Sebastian Zinke, einer unserer Führungsspieler, der auch schon in Wuppertal mit Keita zusammen gespielt hatte. Er sagte mir, das ist ein ganz, ganz umgänglicher Mensch mit einer – was man jetzt nicht unbedingt erwarten würde – guten Sozialkompetenz.

Die beiden haben dann sehr früh schon Kontakt zu Keita aufgenommen und ihm vermittelt, dass Fortuna Köln gut zu ihm passen würde, weil wir ein sehr familiärer, kleiner Klub waren. Wir haben ihn dann zu einem Gespräch eingeladen, in dem wir uns sehr lange miteinander beschäftigt haben. Keita hat uns seine Lebensgeschichte erzählt, zeigte in sehr vielen Bereichen auch glaubwürdige Reue und kam dabei zudem noch sehr sympathisch rüber, sehr reflektiert. Nach diesem Gespräch war es für uns einfach, ihm ein Vertragsangebot zu machen. Sportlich hatten wir ohnehin keine Zweifel, aber die Art, wie er sich in diesem Gespräch verkauft hatte, überzeugte uns noch einmal zusätzlich von unserer Entscheidung.

Mein Coaching mit Keita war in der ersten Zeit unserer Zusammenarbeit sehr intensiv. Deutlich intensiver als mit anderen Spielern. Ich habe versucht, ihm klarzumachen, dass die ersten Wochen entscheidend sind: Hat der Spieler Keita-Ruel eine Zukunft im Profifußball oder nicht? Es war ja klar: Die Medien haben sich sofort auf ihn gestürzt, überregionale Zeitungen, die Sportschau – die sahen natürlich gleich die große Geschichte hinter der Personalie. Der Tenor, krass formuliert: Fortuna Köln hat einen Knacki verpflichtet, mal schauen, was mit dem los ist. Ich habe ihm damals gesagt, dass er versuchen muss, das vordergründige Bild, das die Leute von ihm haben, zu revidieren. Klar war, dass Keita von der ersten Minute an auch mit Provokationen rechnen musste, auf dem Feld, aber auch außerhalb – jeder kannte ja seine Geschichte. Und klar war auch, dass er selbst in seinem Spiel unbedingt darauf achten musste, keine Angriffsflächen zu bieten. Schon ein unglückliches Foul mit Rot-Folge oder ein brutal aussehender Zweikampf mit ausgestrecktem Ellbogen hätte dafür sorgen können, dass man in der Öffentlichkeit gesagt hätte: Typisch, war ja klar. Dann wäre die schon für ihn vorbereitete Schublade aufgegangen. Und aus dieser Schublade wäre der Junge nie wieder rausgekommen.

Uns war klar, dass wir einen schwierigen Transfer machen würden, aber wir haben ihn dann mit Überzeugung gemacht und nie bereut, im Gegenteil. Vom ersten Tag an war Keita in der Kabine ein ganz, ganz wichtiger Spieler für uns, ein toller Mensch, der unheimlich hart arbeitete. Ich habe keine einzige Übersprungshandlung von dem Jungen erlebt. Bevor wir zu Spielen in den Osten fuhren – wo ja einige Mannschaften in der Dritten Liga mit zum Teil nicht ganz unproblematischen Fans beheimatet sind –, habe ich ihm gesagt, wenn du dort provoziert wirst, musst du stark sein, lass das einfach alles an dir abprallen. Das hat er hinbekommen, nicht einen einzigen Vorfall gab es mit Keita in der gesamten Saison. Klar, er ist ein robuster Mittelstürmer, der durfte sich da vorne drin im Strafraum nichts gefallen lassen. Aber er ist immer fair geblieben, war nie bösartig, sondern freundlich auch zu seinen Gegenspielern. Auf diese Weise hat er auch die Herzen der Menschen im Sturm erobert, die seinen Weg kreuzten. Man hat erkannt: Dieser Spieler will seine zweite Chance in allen Bereichen nutzen. Wir haben ja in diesem Jahr eine tolle Saison gespielt, hatten fast bis zuletzt Kontakt zu den Aufstiegsrängen – und da hatte Keita einen großen Anteil daran, er war ein unverbrauchter, frischer Spieler, bei dem man spürte, dass er einfach noch ganz, ganz viele Pläne hat. Man hat da schon *gespürt, dass Fortuna Köln nur eine Zwischenstation auf seinem Weg sein kann – mit diesem Ehrgeiz und diesem Selbstverständnis ist er auch an die Sache rangegangen. Oder sagen wir so: Er traut sich viel zu, aber er weiß auch genau, was dafür zu tun ist. Ich glaube, dass Keita mittlerweile ein Topstürmer in der Zweiten Liga ist. Trotzdem ist es natürlich schwer einzuschätzen, ob es für ihn noch einmal einen Schritt weiter geht. Wobei sein biologisches Alter da nicht das Problem sein dürfte, denn trotz seiner 30 Jahre ist Keita ja aufgrund seiner persönlichen Geschichte noch relativ unverbraucht. Er hat ja nicht wie ein normaler Stürmer im Profibereich jahrelang die dort üblichen Schläge und Tritte einstecken müssen.*

Ob das dann am Ende reicht? Das hängt ja von sehr vielen Faktoren ab, die man nicht immer allein in der Hand hat. Menschlich mache ich mir keine Sorgen um ihn: Keita ist inzwischen stark genug im Kopf, um genau zu wissen, was wer von ihm will, das kann er durch seine Vergangenheit alles sehr gut einordnen. Ich freue mich jedenfalls wahnsinnig, ihn im Laufe der Saison wiederzusehen – das war schon beim letzten Mal sehr emotional. Wäre aber trotzdem schön, wenn er dann gegen Sandhausen nicht gleich drei Tore macht ...

22 THE ONLY WAY IS UP

Von Ratingen über Wattenscheid und Köln nach Fürth. Angekommen in der Zweiten Liga. Vorerst?

Als ich 2015 zum zweiten Mal hintereinander einen Jahresvertrag beim Oberligisten Germania Ratingen unterschrieb, war allen Beteiligten klar, dass ich mich hier nur auf der Durchreise befand. Natürlich klingt so ein Satz, wenn man ihn falsch verstehen will, ein wenig angeberisch. Doch so ist er nicht gemeint und ich denke, weder meine damaligen Mitspieler noch mein Trainer Peter Radojewski haben ihn jemals so aufgefasst. Aber ich ließ schon damals keinen Zweifel daran, dass ich durch die Jahre, die ich im Gefängnis »verloren« hatte, ein wenig unter Zeitdruck stand. Ich wusste: Wenn ich wirklich noch bis nach ganz oben, bis in die höchsten Ligen kommen will, dann musste es schnell gehen. Ich war jetzt ja bereits 26 Jahre alt. Im Fußball gehört man in einem Alter, in dem die Drei ganz vorne steht, schon zur älteren Garde. Wer rechnen kann, weiß, wie groß mein Zeitfenster noch war, selbst wenn ich durch meine zwangsläufig inaktiven Jahre hinter Gittern meinem Körper viel weniger Schläge, Tritte und Verletzungen zugemutet hatte als andere Spieler in meinem Alter. Ich habe die Hoffnung, aus diesem Grund noch ein paar Bonusjährchen obendrauf zu bekommen …

Als Rot-Weiss Essen mich schon in der Winterpause 2015 mit einem Angebot lockte, zuckte ich kurz. Klar, das hätte ich gern gemacht. Regionalliga, das wäre schon einmal die nächste

Stufe gewesen. Germania Ratingen aber hatte kein Interesse daran, mich abzugeben. Ich wiederum wollte dem Verein, der mir schon zu Knastzeiten einen Vertrag angeboten und mich später in die Freiheit begleitet hatte, keinen Ärger machen und stur auf einen Wechsel drängen. Ich war vor allem Peter Radojewski dankbar, der mich mehrfach im Gefängnis besucht und mich auch in meinen miesen Zeiten niemals im Stich gelassen hat. Also spielte ich die Saison zu Ende und ich spielte sie gut, war der beste Torschütze der Mannschaft.

Im Sommer 2016 aber war allen klar, dass ich den nächsten Schritt gehen würde. Inzwischen hatte sich vor allem Wattenscheid 09 für mich interessiert und ich kam nach einigen Gesprächen mit dem damaligen Trainer des Vereins, Farat Toku, zu der Überzeugung, dass ich beim ehemaligen Bundesligisten an der Lohrheide fürs Erste am besten aufgehoben war. Ich teilte den Verantwortlichen von Germania Ratingen meine Pläne mit. Wie erwartet hatte mein Trainer vollstes Verständnis für meine Entscheidung. Nur der Präsident des Vereins wollte mich nicht ziehen lassen, obwohl ganz klar war, dass ich nur für ein Jahr unterschrieben hatte. »Du kannst dir hier was aufbauen, Keita«, sagte er, »du hast ein gutes Standing im Verein und in der Mannschaft, das musst du doch auch bedenken. Und wer weiß, Regionalliga ist noch einmal ein ganz anderes Spiel – ich glaube nicht, dass du das schaffst.«

Es gibt wenige Sätze, die mich so gut triggern wie dieser: Ich reagiere üblicherweise mit Trotz und doppelter Anstrengung, wenn man mir etwas nicht zutraut. Das funktionierte auch in Wattenscheid eine Klasse höher. Die Mannschaft war gut, unser Trainer fachlich und menschlich ein Ass – er setzte auf mich und unterstützte mich vom ersten Tag an. Leider zeigte sich in Wattenscheid schnell, warum dem Verein das Image eines Skandalklubs anhaftete. Nach den goldenen Zeiten in den Neunzigerjahren, die der Bekleidungs-Guru Klaus Steilmann bezahlte, und als Hannes Bongartz erst auf dem Platz und später als Trainer moderierte, war man in Wattenscheid stets chronisch pleite und hangelte sich mit leerem Geldbeutel von Saison zu Saison. Immer, wenn die Zeiten besser werden sollten, kam plötzlich die Ansage aus dem Vorstand: Es ist kein Geld mehr da. So war das auch in dieser Saison. Schon nach einigen Wochen wurden die Gehälter der Spieler nicht mehr gezahlt. Willkommen im Profifußball dachte ich, was soll das denn?

Wir spielten erst mal weiter, doch trotz aller Versprechungen flossen die Gelder nur spärlich und unregelmäßig, was vor allem für die Familienväter unter uns auf Dauer nicht zu akzeptieren war. Wer aber wollte sich schon freiwillig mit dem Vorstand des eigenen Vereins anlegen? Dabei konnte man eigentlich nur verlieren. In der Winterpause wurde es mir dann aber zu bunt. Ich gab dem befreundeten Journalisten Krystian Wozniak vom *RevierSport* ein Interview, in dem ich den Vorstand des Vereins öffentlich kritisierte. Die Überschrift lautete: »Der Verein sollte sich schämen«. Allerdings schämte sich der Verein überhaupt nicht, sondern wollte mich stattdessen suspendieren, weil ich angeblich vereinsschädigende Interna ausgeplaudert hätte. Doch das hat Farat Toku, unser Trainer, nicht zugelassen. Er hatte sogar privat dafür gesorgt, dass einige Spieler Weihnachten nicht mit leerem Kühlschrank feiern mussten, so ein Mensch war das. Er drohte, wenn man mich rauswerfen würde, dann wäre er auch weg. Daraufhin haben es sich die Wattenscheider Funktionäre noch einmal anders überlegt und ich durfte bleiben. Sie wussten: Farat Toku war das Herz und der Maschinenraum des Vereins, ohne ihn würden hier ganz schnell die Lichter ausgehen.

Sportlich war es in Wattenscheid dann doch wieder eine tolle Saison mit einem interessanten Ausgang. Nachdem ich in 37 Pflichtspielen 17 Tore geschossen hatte, kam Markus Krösche vom SC Paderborn aus der 3. Liga auf mich zu und wollte mich verpflichten. Ich unterschrieb einen Vertrag in Paderborn und freute mich schon, dort antreten zu dürfen, da passierte das Unglück: Im letzten Saisonspiel stieg Paderborn in die Regionalliga ab, der Vertrag war ungültig. Zum Glück – so dachte ich damals – hatte ich noch andere Angebote in der Hinterhand und unterzeichnete nach guten Gesprächen mit dem Trainer Uwe Koschinat von Fortuna Köln einen Vertrag bei den Kölnern. Kaum war die Tinte unter diesem Vertrag trocken, meldete sich Krösche wieder: Paderborn stieg doch nicht ab, weil 1860 München die Lizenz für die 3. Liga nicht erhielt. Paderborn war wieder drin. Leider ohne mich, denn mein Wort galt: Ich blieb bei Fortuna Köln.

Was dann geschah, ist ja inzwischen ein kleines Bundesligamärchen: Paderborn stieg von der Dritten in die Zweite Bundesliga auf und im Jahr darauf in die Bundesliga. Da spielen sie jetzt und ich hätte dabei sein können … Müßig, darüber lange nachzudenken. Ich hatte unter Uwe Koschinat auch bei Fortuna Köln eine 1-a-Saison, wir spielten bis kurz vor Ende der Spielzeit sogar um den Aufstieg mit. Auch für mich lief es im dritten Jahr hintereinander noch besser als im Jahr zuvor: 18 Tore in der Dritten Liga – das war respektabel. Wenig überraschend also, dass sich auch in diesem Frühsommer die Angebote auf meinem Schreibtisch stapelten. Ich hätte mehr Geld verdienen können als bei Greuther Fürth, die letztlich den Zuschlag erhielten. Aber Manager Rachid Azzouzi und mein Trainer Damir Burić gaben mir gleich das Gefühl, auf mich zu setzen. Ich würde viel Spielzeit bekommen, versprachen mir beide, und ich solle auch gleich eine Führungsfigur in Fürth werden. Ich glaube, ich kann sagen, dass ich diesem Anspruch in meiner ersten Zweitliga-Saison gerecht geworden bin. Wieder wurde ich der beste Torschütze meiner Mannschaft und was fast noch wichtiger für mich persönlich war: die Erkenntnis, dass die zweithöchste Klasse in Deutschland ein sehr gutes Niveau hat, auf dem ich aber gut, mehr als gut, mithalten kann. Wie mein Weg weitergeht? Schwer zu sagen. Im Fußballgeschäft kommt es immer auch darauf an, im richtigen Moment am richtigen

Ort zu sein. Ich habe das Ziel, noch einmal ganz oben anzugreifen, daraus mache ich keinen Hehl. Ich glaube an mich. Und ich hoffe darauf, dass sich da draußen genügend Leute finden, die mir zurufen: »Erste Bundesliga, Keita, das schaffst du aber wirklich nicht mehr!«

Das wäre schon die halbe Miete.

Rachid Azzouzi
»Bei ihm weiß man sofort, wo man dran ist.«

Rachid Azzouzi gab Daniel Keita-Ruel als Manager bei der SpVgg Greuther Fürth einen Vertrag in der Zweiten Liga. Mit ausschlaggebend für ihn: Beim ersten Treffen war man gleich auf einer Wellenlänge.

Den Spieler Keita-Ruel kannte ich tatsächlich bereits aus seiner Zeit bei Borussia Mönchengladbach. Mir war damals schon klar, dass es sich bei ihm um einen talentierten Spieler handelte, der aber offenbar nicht immer so fokussiert auf den Fußball war, wie man es sich als sportlich Verantwortlicher gewünscht hätte.

Danach, und das hatte dann ja wohl genau damit zu tun, ist er für einige Jahre von meinem Radar verschwunden. Bis zur Dritten Liga schaut man vielleicht noch nach jungen Spielern, die für uns infrage kommen, aber darunter wird es schwer. Dass Daniel zwischenzeitlich von seinem Weg abgekommen und im Gefängnis gelandet war, habe ich tatsächlich erst später erfahren. Da war er schon wieder in der Dritten Liga bei Fortuna Köln angekommen. Das machte mich natürlich neugierig, trotz seines verhältnismäßig hohen Alters. Aber ich war auch skeptisch. Bei der Vorgeschichte war ich nicht überzeugt von der Idee, ihn zu uns nach Fürth zu holen, obwohl sich seine sportlichen Stärken durchaus abzeichneten. Doch nachdem ich einige Male mit seinem Berater Omar Afkir gesprochen hatte, war ich schließlich einverstanden, Daniel auch persönlich zu treffen.

Ich muss sagen, dass er mich von der ersten Sekunde an überzeugt hat. Daniel ist ein durch und durch positiver, offener und ehrlicher Typ. Da ist kein Argwohn, keine versteckte Agenda, bei ihm weiß man sofort, wo man dran ist. In diesem ersten Gespräch überzeugte er mich auch sofort von seinem Ehrgeiz und seinem Arbeitsethos. Unserem damaligen Trainer Burić ging es genauso wie mir. Wir spürten, dass wir uns auf sein Wort verlassen konnten – und das hat er ja dann auch schon in seinem ersten Jahr in der Zweiten Liga unter Beweis gestellt. Er ist absolute Stammkraft, Torschützenkönig und auch für die Mannschaft eine Figur, an der sie sich orientieren kann. Daniel hat immer gute Laune und ist dabei von einer positiven Besessenheit, von der sich so mancher junge Spieler eine Scheibe abschneiden kann. Wie sehr da auch ein bisschen Wahnsinn in ihm steckt, zeigt ja schon der Umstand, dass er sich ohne professionelle Hilfe aus dem Gefängnis in den Profifußball zurückgekämpft hat. Und wir erleben das hier auch beinahe täglich, mit welchem Eifer er trainiert, wie er immer besser, immer fitter werden will. Gerade gestern erst habe ich ihn an seinem freien Tag im Kraftraum schuften sehen. Manchmal müssen wir ihn sogar ein bisschen bremsen, so ein geschundener Körper braucht ja auch einmal etwas Ruhe. Und obwohl sein Körper funktioniert wie eine Maschine, darf man eines nicht außer Acht lassen: Daniel muss sich aufgehoben fühlen in einem Verein und in einer Mannschaft, denn er ist sensibler, als das auf den ersten Blick den Anschein hat. Dass er zu Greuther Fürth wechselte und nicht eines der womöglich besser dotierten Angebote angenommen hat, die er damals noch hatte, hing sicherlich auch damit zusammen, dass Damir Burić und ich ihm gleich das Gefühl vermittelten, ihn an die Hand zu nehmen, ihm ein wenig Führung zu bieten.

Aber klar, am Ende ist es Profifußball, wir haben alle unsere Ziele und Zwänge. Vielleicht können wir den nächsten Schritt, den Daniel ja noch gehen möchte, tatsächlich gemeinsam tun. Daniel traue ich die Erste Liga zu, keine Frage – mit seinem Willen kann er das auch noch mit 30, 31 Jahren schaffen.

EPILOG
Auf ein letztes Wort!

Man kann dieses Buch vielleicht in ein, zwei Sätzen zusammenfassen, auch wenn ich die lange Fassung bevorzuge: Ich war ein verantwortungsloser Dummkopf und habe es geschafft, das heute nicht mehr zu sein.

Okay.

Wäre, wäre, Fahrradkette. Lothar Matthäus hat ja immer recht. Es macht keinen Sinn, mit Konjunktiven zu jonglieren: Wichtich is aufm Platz – und auf der Anzeigentafel. Auf meiner steht nun mal für immer und alle Zeiten, dass ich mit 20 Jahren die Entscheidung getroffen habe, bewaffnete Überfälle zu machen und unbeteiligten Menschen Todesängste einzujagen. Da lag ich plötzlich ziemlich weit hinten im Spiel meines Lebens. In den Jahren danach habe ich versucht, diesen Rückstand wieder aufzuholen. Habe mich bei all denen entschuldigt, denen ich Schmerz zugefügt habe; die mich geliebt und die sich vielleicht in manchen Momenten auch für mich geschämt haben. Ich habe mich bei meinen Opfern entschuldigt und habe versucht, ihnen über den Täter-Opfer-Ausgleich zu vermitteln, dass ich die Verantwortung für meine Taten übernehme und bereit bin, dafür auch spürbar und nicht nur ideell zu leiden. Ich bin froh, dass meine Opfer diese Geste nicht zurückgewiesen haben, auch wenn es nicht viel mehr sein konnte als das – eine Geste.

Ich werde meine Geschichte in Zukunft noch oft erzählen, in Gefängnissen, in Schulen und in den Kabinen von Fußballklubs, ich werde überall da sein, wohin man mich einlädt. Meine Botschaften sind simpel, sie umzusetzen ist es nicht: Es ist nicht cool, ein Arschloch zu sein. Den Weg des geringsten Widerstandes zu wählen, macht dich auf lange Sicht zu einem schwachen Menschen. Wenn du erkannt hast, was du wirklich willst, musst du diesen Weg gehen, egal wie hart er dir erscheint. Wenn du am Boden liegst, musst du wieder aufstehen. Am Ende deines Lebens musst du furchtlos in den Spiegel schauen können.

Ach ja, und das Wichtigste natürlich: Empfehlen Sie Ihren Freunden dieses verdammte Buch!

Bildnachweis

S. 1, 2 (3x), 4–5 (4x), 6 (oben): © Privat
S. 3 (oben), 6 (unten): © Kurt Keil
S. 3 (unten): © Borussia Mönchengladbach
S. 7 (2x): © Wolfgang Zink
S. 8: © Alexander Wurm